JN439625

선산곡 제3수필집

속아도 꿈
속여도 꿈

신아출판사

■

책머리에

사랑의 파편 하나쯤

편지를 부친 뒤 우체국 문을 나서며 바라본 푸른 하늘. 편지가 그에게 닿기까지 시간을 생각한다. 그 짧은 공백이 조금은 우울하다. 그 우울을 닮은 높고 서늘한 빛이 마음 깊은 곳에 숨은 것들을 들추어낸다. 이젠 정열도 부끄럽다. 슬픈 잔해다. 잔해의 빈 가지에 바람이 분다.

여기 실린 작품 대부분은 첫 작품집 《LA 쑥대머리》를 낼 때 미처 싣지 못했던 것들이다. 곧바로 2집을 내려했던 계획을 접은 뒤 10년, 그 사이 졸작 《끽주만필喫酒漫筆》이 2집으로 월반越班을 했다.

때 놓친 작품들을 모아 3집으로 내놓기까지 무척 큰 용기가 필요했다. 작정했던 책 제목도 여러 번 바뀌어 결국 《속아도 꿈 속여도 꿈》으로 정했다. 꿈과 세월을 빗댄 탄식이 조금 부끄럽지만 이 머리말 한 장 쓰기 위해 보낸 세월에 비하면 아무것도 아니다.

이 작품들이 그 사이 어떤 빛으로 퇴색했는지는 아예 생각하지 않기로 했다. 다만 사랑의 파편 하나쯤 모든 분들의 가슴에 튀어 아로새겨진다면 더 할 나위 없겠다.

이 붓 던지면 깊은 산을 찾을 작정이다. 싸늘한 밤공기, 밤하늘 별들이 나를 위로할 것이다.

경인년 늦가을에

연 산 국

차례

자례

제 2 부

제 3 부

제 4 부

제1부

매화 차

날이 저문다. 기지개를 풀었던 봄기운이 다소곳해진다. 시인은 매화를 딴다. 채 피지 않은 봉오리들이 시인의 손안에 구슬처럼 모인다. 봉오리를 따는 손길이 사뭇 정갈한 것은 더러 이르게 핀 꽃송이에 상처를 주지 않으려 함이니……. 차마 손길을 뻗어 시인의 일을 도와주지 못한다. 우리를 휘감고 있는 매화향에 취해 있을 뿐이다.

"산사에서는 스님의 배려가 깊었는데…"

어느 절집 마당에 핀 매화를 마음껏 따도 좋다 했던 주지스님이셨지만 그 스님 떠나신 후 새로 오신 분께서는 눈살을 세우더라는 얘기다. 모두 다 옳다. 그대로 두어도 좋은 것이 꽃이고 또 다른 생명의 기운을 불어넣기 위해 가지로 꺾어야 하는 것이 꽃이기도 하다. 하물며 물욕무심 도량인 절집 마당에 있는 꽃임에랴. 꽃 몇 송이 따면 어떻겠느냐는 시인의 청을 거절했던 스님께서는 사욕의 정도에 무심했을 터.

약간 모인 꽃봉오리들을 준비한 봉투에 정성 들여 담는다. 여미듯 봉투를 접어 가방에 넣는 시인의 얼굴은 행복해 보인다. 과유불급過猶不及이라, 이 소유조차 미안하다는 듯한 표정이다. 시인은 저 꽃봉오리들을 정성 들여 말릴 것이다. 향기를 감추어 비장해 두기 위해 마음부터 씻어둘 것이다.

매화가 핀 낮고 짧은 언덕길을 걷는 동안 사방이 어두워지기 시작한다. 그 어둠 속에서 빛을 발하는 꽃들은 얼핏 보면 작은 점들에 불과하건만 낮게 깔린 향기는 더욱 은근해진다. 암향부동暗香浮動이라 터니. 이제는 탄식조차 천박해진다.

돌아오는 길, 시인의 집에 초대되어 앉았다. 창을 통해 든 달빛이 벽 사방에 문신을 한다는 그의 방에도 봄기운이 가득하다. 시인이 물의 비등을 한숨 돌려 잔에 따른다. 잔은 물빛이 새어나가도록 투명하다.

"작년 거야."

시인은 말린 청매 일곱 송이를 넣어 조용히 젓는다. 꽃은 잠자고 있다가 기지개를 켜기 시작한다. 개화를 돕는 것은 사람의 몫일지라도 꽃은 그동안 감추어 두었던 향을 화안에 띄우고 숨을 쉬기 시작한다.

꽃술이 일어서고 꽃잎이 핀다. 습도를 지닌 향기도 움직이기 시작한다. 시인은 잔을 들어 조용히 흔든다. 꽃잎들이 원을 그려 정돈을 하고 몸짓을 시작한다. 움직인 듯 만 듯, 그 유동은 미세하다.

언젠가 이 차를 대접받은 노 교수는 차마 마실 수 없어 한숨을 쉬었다 한다. 가지에선 봉오리로 떠났으되 잔 안에서 새로이 피어 떠 있는 꽃이다. 어디에서 핀들 살아 숨쉬기는 매한가지. 시공을 넘은 꿈이요, 겁에 이은 생명이라 탄식할 수밖에 없었을 것이다.

피어 있는 청매 가운데 홍매 하나 늦게 떨어뜨려 점을 찍는다. 시인은 시종 말이 없다. 마치 의례의 한 부분인 듯, 가운뎃점을 찍는 것도 예사의 몸짓이 아니다. 홍매도 천천히 꽃술을 세우고 꽃잎을 피우기 시작한다.

잔 들자 침묵처럼 깔린 향기도 파장을 일으킨다. 황홀해진다. 떠 있는 꽃잎의 섬려함이 다치지 않을까 조심스러워진다. 사람의 경망을 용납하지 않는 품위를 지닌 탓인가, 꽃향기에 취해 눈을 감으니 삼라의 불편함이 재가 되어버린다. 아아, 나도 차마 이 차를 마실 수가 없다.

그의 시선

검은 띠를 두른 사진틀 안에 그의 얼굴이 있다. 상 위 촛불 뒤에 있던 사진틀을 그의 아내가 조심스럽게 들어내더니 꽃으로 장식을 시작한다. 사진으로나마 꽃으로 싸서 망자亡者의 가는 길을 배웅하려는 뜻일까.

검은 옷을 입은 그 아내의 손에 하얀 국화꽃이 눈에 시리다. 차분히, 그리고 천천히 꽃대를 자르고 꽃송이의 중심을 이쑤시개로 꽂는다. 사진틀 둘레의 스티로폼에 꽂힌 꽃송이들이 가끔 부스러져 내린다. 사진 위에 떨어진 꽃잎들을 천천히 집어내는 그 아내의 손길이 떨고 있다. 떨리는 손끝에 꽃잎이 부스러지는지도 모른다. 그러나 그의 아내는 다시 또 다른 꽃의 줄기를 자른다.

그 국화꽃 사이에 하얀 나리꽃도 비스듬히 꽂는다. 정성스럽게, 꽤 긴 시간 장식을 마친 그의 아내가 조심스럽게 사진틀을 들어 다시 상 위에 세워놓는다. 한 가닥 흘러내린 그의 머리칼에 슬픈 여유

가 배어 있다

사진 아래쪽에 꽂은 나리꽃이 드리우듯 쓰러진다. 조화弔花의 조화調和가 지니고 있던 정적이 문득 깨진다. 그의 아내의 손길이 쓰러지는 나리꽃을 다시 세워놓는다. 사진틀의 주인공은 물끄러미 자기 아내의 모습을 바라보고 있다. 마치 이승과의 견고한 경계를 이해한 양, 아무 말 없이.

제 아내가 자리를 비우자 사진 안의 시선이 내게로 온다.

"성."

30년 전 탁구라켓을 손에 쥔 장난기 있는 그의 목소리가 들린다. 제 이름 리을(ㄹ)자 끝을 브이(V)자처럼 올려 긋는 글씨도 눈에 보이고, 그가 즐겨 부르던 서투른 유행가도 들려온다. 디즈테에일의 번안시였다.

그 누가 묻거들랑 세월이 가다 보면
사라져 희미해진 발자국처럼
그렇게 잊었다고 말해주세요

사진틀의 그 얼굴을 보면서 어이없게도 나는 빙긋이 웃는다. 그랬구나. 30년쯤 잊고 있었던 노래였기 때문이었다.

"서엉. 어디 갔다 와?"

친구들과 어울려 날밤을 샌 뒤 돌아오니 내 방에서 그가 자고 있었다. 여윈잠을 깬 그가 곁에 눕는 나를 끌어안더니 제 얼굴을 내 얼굴에 비비면서 하는 말이었다.

"보고 싶어서 왔더니 성이 없었어……."

네가 날 찾아왔었구나. 너를 혼자 자게 했구나 하는 생각에 나는 갑자기 목이 메었다. 아무도 모르게 숨겨둔 그의 목마름을 내가 적셔주어야 한다는 생각에 기쁨도 슬픔도 아닌 눈물이 솟았다. 짧게 투정을 부리던 그는 이내 다시 잠이 들었다. 평온한 얼굴이었다.

어이없이 나는 또 웃는다. 그랬구나. 30년쯤 잊고 살았던 그날의 일이었지. 그러나 나는 금방 웃음을 거둔다. 세월은 흘렀지만 조금도 변하지 않았다고 자신했던 의식이 깊은 나락으로 떨어져간다. 맨 처음 그의 부음을 들었을 때처럼 전신의 기운이 쑤욱 빠져나간다.

무력하다는 현실이 추억을 부른다. 그러나 저마다 지녔을 추억의 아름다움도 망자 앞에서 한낱 영고의 무상일 뿐이다. 추억이라는 여구조차 저 사진 앞에서는 아무런 의미가 없다.

바람이 상가 휘장을 거세게 흔들고 지나간다. 석유난로 곁에 앉아 있으면서도 내 몸과 마음은 신경통 환자처럼 시리고 차다. 3월 햇살이 있는 한낮인데도 바람은 이 집에 들른 저승사자처럼 매섭기만 하다.

그가 남긴 어린아이가 초록빛 작은 공을 굴리며 놀고 있다. 공은 그의 사진 앞으로 굴러가기도 하고 조문객들의 상 밑으로 굴러가기도 한다.

그의 눈길이 아이에게로 간다. 비로소 그의 얼굴에 슬픔이 서린다. 꽃을 장식하던 제 아내와 내게 보인 무연했던 표정을 걷어버리고, 공 따라 쓰러지고 뒹굴며 노는 철없는 아이에게 슬픈 시선을 놓지 않는다.

황사

로터리의 신호등이 바뀌었다. 서 있던 차들이 하나 둘 움직이기 시작했다. 그 차량들 틈에서 나도 별 의식 없이 차를 몰아 천천히 앞으로 나아가고 있었다. 봄날 토요일 오후의 퇴근길, 사람들은 기다렸다는 듯이 일시에 나들이를 나선 것 같아 보인다.

그렇게 큰 거리를 지나 겨우 몇백 미터, 집 쪽 방향으로 가기 위해 새로 만난 작은 네거리에서 좌회전 신호를 받아야 한다. 방향 깜박이 등을 켜고 앞차와의 거리를 두며 속도를 줄이고 있는데 하얀 승용차 하나가 급하게 스쳐가더니 내 차 앞을 가로 막아선다.

(?)

성미 급한 사람의 새치기이려니 싶었다. 그러나 운전을 하다가 흔히 양보해주면서 얻을 수 있었던 만만한 여유가 아니라는 것을 깨달은 것은 순간의 일이었다. 앞에 차를 세운 운전자가 운전석 차창을 내리더니 험악한 표정을 지으며 내 쪽으로 고개를 돌렸기 때문이었다.

저 젊은 청년이 왜 저러나. 사태를 짐작할 여유도 없이 그의 입술의 움직임이 몹시 거칠다는 것을 알 수 있었다. 설마 나? 뒤를 돌아보니 그 청년의 시각 안에 있어 보이는 사람은 분명 나뿐이었다. 그때야 내가 조금 전 위험한 운전을 했을지 모른다는 생각이 들었다. 이런 돌발적인 경우에 대처할 마땅한 언어는 물론, 몸짓조차 마련해 두지 않은 나로서는 멍하니 그를 쳐다볼 수밖에 없었다.

아무리 그래도 저 청년과 나와의 나이 차가 이십 년은 분명해 보인다는 생각이 미치자 버럭 울화가 치민다. 큰 로터리에서 신호대기 후의 운행이라면 너나없이 조심스러웠을 텐데 저럴 수가 있나. 설령 내가 부주의했다 하더라도 어른한테 그럴 수 있느냐는 훈계를 곁들여 귀싸대기라도 쳐주고 싶다는 생각이 솟구치는 것이었다.

그렇다고 차에서 내려 사리를 분명히 따져보자 할 시간적 여유가 있는 것도 아니었다. 평소 남들과 잘잘못을 따져 언쟁을 한 경험도 별로 없었고, 그렇다고 논리 분명하여 말주변이 좋은 것도 아니었다. 몸싸움에 필요한 완력조차 넉넉한 사람이 아니면서 분별없이 발끈하여 자칫 봉변이라도 당한다면 그보다 더한 창피가 어디 있겠는가 하는 생각에 잠자코 있을 수밖에 없었다.

말끔히 빗은 머리에 창틀에 걸친 그의 왼팔 와이셔츠 빛이 하얗다. 입술의 움직임에 욕설만 담기지만 않았다면 그런대로 괜찮은 차림새다. 그러나 그 얼굴은 그 행티를 그대로 반영이나 하듯 날카롭기 그지없었다. 참아라. 영문을 모르지만 참아라. 나는 애써 나 자신을 타이르며 그에게 미안하다는 표정을 지을 수밖에 없었다. 그러나 이렇게 무안하고 민망하며 은근하게 솟는 분노가 뒤범벅이 된 기분을 일찍이 경험한 적이 별로 없었다.

때마침 파란불 신호등이 켜지자 험악했던 얼굴은 차 안으로 들어갔다. 무엇이 그리 바빴는지 성깔 그대로 성급하게 차선을 바꾸더니 붕 소리를 내며 내 시야에서 사라져 버렸다. 그러기까지 불과 몇 분이었을까. 그야말로 졸지에 겪은 일이었다.

이렇게 어이없는 일을 겪도록 진행된 근원이 어디 있었을까. 곰곰이 생각해봐도 모를 일이었다. 로터리까지 오기 전 다른 차로부터 어떤 위협도 없었고 나 자신이 끼어들거나 앞지르기 위해 성급하게 차선을 바꾸지도 않았기 때문이었다.

이 길은 아침저녁으로 오가며 차의 흐름과 정체의 정도를 너무나 잘 알고 있는 곳이었다. 혹시 다른 차 운전자의 실수를 내가 그런 줄 알고 저 청년은 착각하지 않았을까. 그러나 내가 정상적으로 조작했다고 생각한 운전이 다른 차에게 심각한 방해와 위협을 가할 수 있는 일이긴 하다. 어쩌다 낸 사고의 전말을 두고 내 탓이라고 말하는 사람이 몇이나 있던가.

살다 보면 꼭 좋은 일만 있을 수 없다. 내게도 이렇게 언짢은 일이 생길 수 있다고 생각해야지. 이 일은 내가 부주의했던 탓이야. 내 탓이야. 새삼스럽게 스스로를 위로하면서 감정을 삭이려고 나는 애쓰고 있었다. 그러나 손쉽게 잊혀질 일은 아니었다. 이렇게 극명한 세대 차의 하극상을 행여 상상이라도 한 적 있었던가. 처음 겪는 일이라는 부끄러움과 분노 때문에 가슴이 답답해져 심호흡을 하는데, 문득 서글픔까지 밀려오는 것이었다.

행여 누가 알까 부끄러워 잡쳐버린 기분을 드러내지 않고 집에 머물러 있는데 전화가 왔다. 김시인이었다.

"이 좋은 날 뭐 해? 봄나들이라도 가야지."

"봄나들이는 무슨. 이팔二八인가."

"우리 모처럼 드라이브나 하자. 옥정호 부근 신록이 얼마나 좋은데."

처음엔 사양하다가 자꾸 조르는 바람에 만나자는 약속을 해버렸다. 오랜만에 그와 만날 수 있다는 것도 이 우울해진 감정을 여과시킬 수 있는 충분한 이유가 될 수 있었기 때문이었다.

김 시인의 차를 타고 교외로 빠져나간 시간이 오후 세 시쯤이었다. 차창 밖으로 흘러 보이는 산마다의 신록이 그림처럼 아름답게 펼쳐 있었지만 하늘은 봄날 특유의 우윳빛이었다. 중국 쪽에서 불어오는 황사바람 때문이었지만 그 먼짓가루에 싸여 눈을 찌푸리지 않아도 볼 수 있게 태양의 윤곽은 선명했다. 아련한 추억의 그늘, 지난 그날들은 저 하늘빛처럼 희미하지만 분명하게 살아 있는 것은 이 가슴 안에 있지. 그 그리움이나마 둔화시키고 있는 것은 이 현실의 잡념 때문이야. 언짢은 기분을 애써 지워가며 나는 차창 밖 풍경을 바라보고 있었다.

옥정호 물빛이 내려다보이는 찻집에 들어섰다. 따뜻한 커피가 생각났기 때문이었다. 생각보다 많은 사람들이 자리에 앉아 있었다.

완연해진 봄기운에 겨워 밖으로 나왔다가 차가워진 바람을 피해 들어온 사람들인 것 같았다.

"여어, 산곡 아닌가."

뜻밖에 누군가 나를 부르는 소리였다. 이런 곳에서 누가 나를? 소리 난 쪽을 바라보니 창가에 앉아 있던 사람들 중 하나가 일어서고 있었다. 가끔 만나는 초등학교 동창생이었다. 가족끼리의 나들이인 듯, 친구의 옆자리에 앉은 안면이 있는 부인도 남편 따라 천천히 일어섰다. 그 맞은편에 젊은 남녀 한 쌍이 등을 보이고 있다가 함께 일어서고 있었다. 친구 외에 그의 가족들이 보낼 수 있는 의례, 멈칫거리는 눈인사가 이어지는 동안 김 시인은 저쪽 빈자리에 앉고 있었다.

"내 사위 될 녀석일세."

딸보다 앞서 옆에 선 젊은이를 친구가 소개하며 하는 말이었다. 무심코 그에게 시선이 가는 순간 나는 숨이 멎는 듯했다. 세상에. 오늘, 그것도 얼마 전에 내게 눈을 부라리며 욕설을 해대던 그 청년이었다.

아무리 기분전환을 위해 봄나들이를 나왔다 해도 전혀 잊혀졌다 할 수 없는, 불과 몇 시간 전에 겪은 일이 이렇게 막다른 골목에서 새롭게 부딪칠 줄이야 누가 알았겠는가. 그 분위기에 대처할 마땅한 방법이 없어 멍하니 서 있는데 청년의 회색 양복 안의 하얀 와이셔츠 깃이 눈에 들어왔다. 차창 밖으로 완강한 힘을 과시하듯 걸쳐 있던 팔꿈치의 하얀 와이셔츠. 양복 윗도리를 벗고 넥타이차림으로 운전하는 젊은이들을 역동적인 아름다움으로 바라보았던 그동안의 내 의식을 한꺼번에 배반해버린 그 와이셔츠의 하얀빛이었다.

천만다행이었을까. 그는 나를 전혀 몰라본 듯 정중히, 참으로 정중히 고개를 숙여 인사를 했다. 그의 욕설에 대응할 겨를도 없이 난자당했던 얼마 전 기분이 그대로 되살아나 인사를 받기가 그렇게 부담스러울 수 없었다. 친구가 모르는, 이 청년의 성품에 대한 이중성 때문만은 아니었다. 이 사람은 알고서도 이러는 것인가 하는 당황함을 우선 감출 수 없었기 때문이었다.

"큰애와 결혼하면 외국에 나갈 예정이네."

친구의 자랑스런 사윗감이 문제가 아니라 나 자신에게 느껴야 했던 어리석은 모멸감이 분노와 함께 솟아오르기 시작했다. 이 시대, 저 젊은이들에게 우리들의 존재는 공경의 대상이 아니다. 이 정중한 인사 뒤에 언제라도 우리의 자존심을 갈기갈기 찢어 내던져버릴 수 있을 포악한 심성이 숨어 있다는 것이 두려웠던 것이다.

아무런 소리도 들리지 않았다. 잠깐이나마 진정되지 않는 부끄러움과 분노를 숨기며 버텨낼 자신도 나에게는 없었다. 어서 피하고 싶은 마음으로 건성, 인사를 받는 둥 마는 둥 밖으로 뛰쳐나오고 말았던 것이다.

"왜 그래?"

영문 모르고 뒤따라 나온 김 시인이 물었지만 대답도 할 수 없었다. 봄날의 변덕이 이런 것인가. 안온했던 한낮과 달리 기온이 점점 더 싸늘해지기 시작했다. 오후엔 더 짙은 황사가 온 나라를 덮는다더니.

이젠 예보도 잘 맞네… 나는 혼자 중얼거렸다. 황사에 덮인 뿌연 하늘처럼 마음이 점점 더 흐려지고 있었다.

이 봄에

꽃들이 피기 시작하고 있다. 더러 편차를 두고 피던 살구꽃이나 벚꽃, 목련꽃들이 언제부턴가 한꺼번에 다투어 핀다. 그 어떤 힘으로도 중재하지 못하는 개화의 경주에 사람들의 시선이 무심해진 지도 이미 오래다.

"저러다 찔레꽃까지 필라."

염려가 아닌 탄식이 어찌 무심하랴. 이상기후 때문에 나타나는 현상이지만 그래도 매화는 입춘 무렵 이르게 피었고, 진달래는 아직 산그늘에 숨어 망울 터트릴 준비를 하고 있다.

햇살이 목련꽃 하얀 잎을 투명하게 지나간다. 꽃잎에 비친 빛의 투과가 선명하다. 올해는 그래도 날씨의 심술이 비껴지나가 그 순백의 아름다움을 오래 엿볼 수 있어 좋다.

꽃가지 사이로 푸른 하늘이 보인다. 그 푸른빛에 대비된 하얀 꽃잎이 시리게 차다. 햇살 나른한 오후, 이유 있는 듯 이유 없이 밀려오는 서러움은 저 꽃잎이 너무 흰 탓인지 모른다.

봄날이면 느끼는 아련한 추억. 참으로 멀고 먼 옛날, 눈처럼 지는 꽃그늘 아래 서 계셨던 아버지의 하얀 자태가 환영으로 흔들린다. 어쩌면 상상이었을지 모르는 이른 봄의 기억이다. 바람을 안은 아버지의 하얀 두루마기 옷자락, 옷고름은 격동의 세월을 상징하듯 흩날리고 있었다. 아버지는 그렇게 한 세상, 바람을 안고 가셨을 것이다. 꽃이 피고 지듯이 명멸하는 세파의 영욕을 묵묵히 인내하셨을 것이다. 그 걸음을 배우며 우리들은 문득 서러움을 배우고 있는 것인지도 모른다.

뒷담에서 넘어온 살구나무가지에도 꽃이 피었다. 작은 꽃가지 하나 꺾어다 꽃병에 꽂아 본다. 기명器皿에 절지折枝 하나. 무심한 가지의 선이 그림 같다. 가냘프게 매달린 꽃잎이 다칠세라, 꽃병에 물을 채우는 손짓도 조심스럽다.

햇살 드는 창 앞에 꽃병을 놓는다. 꽃가지의 꽃술, 꽃잎이 금방 생기에 차기 시작한다. 아까 심술 맞게 불어대던 바람을 이젠 잊었다는 듯, 흔들림 없이 괴어 있다. 꺾인 가지 채 실내에 들어와 정물로 자리를 지키는 저 고요한 자태.

저 정적을 깰 벌 나비는 날아오지 않는다. 그것도 모른 채 꽃가지는 관다발로 물을 끌어올리는 본능을 멈추지 않을 것이다. 꺾인 가지에서나마 아직 다물고 있는 꽃잎도 열고, 향기도 내뿜을 것이다. 그렇게 스스로를 마감하는 길로 가면서 어느 순간 극치를 자랑하려는 저 생명력이 문득 부럽다.

봄이 그렇게 우리 곁에 와 있다. 피어 있는 모든 꽃들은 질 것이다. 꽃잎이 질 무렵 비나 한 번 내려 주었으면 좋겠다. 나무에 핀 꽃이란 아무래도 비에 져야 어울린다. 실비가 내리고 거기에 실바람이 불어준다면, 더불어 지는 꽃의 자태도 처연하여 아름다울 것이다.

토요일 오후다.

지난날의 기억이 심신을 지치게 하는가, 문득 세상사 다 잊는 낮잠 한숨 자고 싶어진다. 달콤한 권태다.

봄

내 봄은 늦다. 우수가 지나고 경칩이 되어도 봄이라 인식하기를 싫어한다. 그 무렵 부는 바람이 춥다고 느끼고 있는 것은 단순한 체감 때문만은 아니다. 미완인 계절의 얼굴을 대할 때 성급했던 기대가 더욱 추운 것이다. 그래서 완연함을 기다리는 조바심조차 하지 않는다.

봄은 그리운 사람 마중하듯 조용히 맞이해야 한다. 어딘가 새순이 돋기 시작하겠지. 산도화는 깊은 산중에 숨어 조용히 피어 있겠지. 그 은밀한 인식이 있을 즈음이어야 나는 비로소 봄의 얼굴을 살핀다.

그렇게 봄을 인식해야만 하는 이유가 있다. 꽃은 피지만 또한 꽃은 진다는 아름다움이 있기 때문이다. 관상에 의미를 둔 편협이지만 꽃은 분명 봄의 전령이다.

오매, 꽃이 피네.

탄식이 앞선다. 우심의 것이 아닌, 절기를 그대로 숨쉬어 봄날 한가운데에서 피는 꽃을 바라보는 내 마음은 늘 탄식이다.

지는 꽃의 아름다움도 그에 못지않다. 꽃이 지는 의미는 생명의 연계다. 그것은 어쩌면 비애이며, 어쩌면 환희인 아름다움이기도 하다.

꽃 소식이 들린다. 산수유가 지더니 개나리가 피기 시작하는 모양이다. 어디 이른 산골이면 진달래도 피었을 것이다. 그늘을 좋아한다는 진달래꽃을 생각하면 두견의 울음이 남이 아니듯, 공연히 가슴이 저릿해진다.

나무에 잎들도 돋기 시작했다. 그 맑은 연초록빛들이 물감 비벼놓은 듯 온 사방을 채색하기 시작한다. 풍경은 마치 투명수채화 같다. 그 투명한 빛을 따라 길을 나선다. 봄마중이다.

병풍처럼 깎아 두른 암청의 산색을 멀리 두고 강가에 선다. 강물은 예와 다르다. 이 물을 길러 커피를 끓여 마셨던 것도 오래전의 일이다. 묵은 정신이라도 씻어버리듯 머리를 감고 손과 발을 씻었지. 그렇게 나를 씻은 지 벌써 몇 년 전이다.

이제 물은 오염되었다. 저 아래 섬진강까지 긴 띠를 이루고 흘러갈 이 강 상류의 실핏줄 같은 생명에도 오염의 상처가 깊다. 그러나 물은 흘러 자정한다지. 소리 내며 구르다가 맑아진다지.

봄빛은 완연하다. 들녘엔 정적이 깔려 있다. 멀리 농부의 그림자들이 어른거리지만 모두 정적에 파묻힌 흔들림이다. 꽃잎 사이를 오가는 벌 나비의 비행도 차라리 졸려 보이는, 그 나른한 봄날의 정적은 원래부터 좀처럼 부서지지 않는다. 강 건너 산마을의 청회색 꽃 무리를 바라보며 중얼거리는 말에 나는 탄식을 섞는다.

"복사꽃이냐, 살구꽃이냐, 매화꽃이냐."

강둑에 앉는다. 둑 아래 물 흐르는 소리는 그래도 맑다. 육자배기 소리가 들린다. 봄 강산 한가운데 서 있다 보면 내 가슴 안에서 흐르는 가락이다. 그 육자배기 가락에 강 건너 푸른 들녘도 춤을 춘다. 느리고도 처절한 서러움이 솟는다. 그리움은 서러운 것일까. 서러운 옛날은 봄날의 흔들림을 타고 이렇게 너울거린다. 다시는 돌아갈 수 없는 아지랑이 같은 옛날이 그 봄 안에서 되살아난다. 나는 가슴 안에서 까라지게 흐르는 육자배기 가락에 절로 취한다.

꽃들이 피는 봄을 사십 번이나 누릴 수 있는 것은 축복이며, 그렇게 봄이 온다는 것은 다행한 일이라고 누군가 그랬다. 그러나 그가 말한 새로운 봄에 비해 나의 봄은 그렇지 않다. 사십이 아니라 오십이 되어도 봄은 사무치게 그리운 것들을 누적시킨 채 새 단장을 한 얼굴일 뿐이다.

가장 먼 옛날은 변함없이 그 빛이다. 그 빛은 푸른빛이다. 봄이면 나는 어린아이가 되어 울음을 울고, 쪽 찐 모습의 어머니는 내 울음을 달래고, 아버지는 묵묵히 웃어 내 머리를 쓰다듬어 주신다. 유년의 내 모습은 봄 안에서 푸른빛으로 그렇게 살아 있다. 어머니의 치마폭 안에서 느끼던 냄새도 봄이요, 아버지의 따스한 손길도 봄이다.

봄이 왔다. 푸른 봄이다. 가슴 안에서 육자배기가 푸른빛으로 흐르는 봄, 그 봄의 언덕에 서서 비로소 내가 씻어낼 수 있었던 내 인생의 모습을 본다. 꽃이 피듯이 꽃이 지듯이, 비애와 환희로 마감하는 아름다움을 본다.

책

약속 장소에 가기 전 시간이 남아 경원동 근처 헌책을 파는 책방에 들렀다. 헌 책방의 책은 신간과 달리 인지도가 있는 내용을 살필 수 있다는 점에서 우선 구경이 재미있다. 신문광고나 보고 구입할 의중을 갖는 신간에 비해 이미 알려진 것이 대부분이고 값도 싸서, 잘하면 그 동안 구할 수 없었던 진귀한 책을 만날 수 있다는 기대가 있는 곳이기 때문이다.

전 8권짜리 수필문학전집이 눈에 띄었다. 삼성문화사의 85년도 출판에, 세로쓰기 판형이라서 요즘의 책들에 비하면 분명히 구닥다리였다. 그 값을 물으니 권당 1,500원씩, 더 물어 볼 것 없이 12,000원 얼른 주고 그 책을 묶어 들었다.

"아이구, 또 책!"

책 묶음을 들고 들어서는 나를 보자마자 아내의 푸념이 터졌다. 신간이라면 모를까 시절도 한참 지난 구간을 횡재나 한 것처럼 싸

들고 들어오는 내가 아내가 보기엔 밉상이었을 것이다. 아내로서는 책이 싫다는 게 아니라 책 둘 곳의 한계 때문임을 내가 모르는 바 아니다.

낡은 책 한 권이라도 함부로 하지 않는 습성 때문에 내 집 서가에 책들은 이중 삼중으로 쌓이고 쌓여 그 수용의 한계를 넘은 지 이미 오래되었다. 방과 거실에 놓인 책장은 물론이요 약간의 모서리 공간만 있으면 바닥에서부터 쌓이기 시작한 책들이 천장까지 닿았으니 아내가 짜증을 내는 것도 당연한 일이다.

어렸을 때부터 나는 책 욕심이 유난했다. 용돈이 없었던 중학교 시절엔 돈을 모아 학생 잡지를 사 보는 것이 꿈이었다. 형들이 읽고 난 어려운 시사 잡지 한 권이라도 내 손에서 소홀히 취급되지 않았다. 심지어 군 복무 때도 그 작은 군대월급을 쪼개어 문고판 문학전집을 월부로 사들일 정도였다. 나중에 직업을 얻고 나서 가장 즐거웠던 것이 내 돈으로 책을 살 수 있다는 점이었다. 지금도 그때처럼 책을 사는 기분은 여전히 즐겁기만 하다.

나는 읽고 싶은 책이 있으면 사서 보는 편이다. 경우에 따라서 빌려 보는 수도 있었지만 책을 읽으려거든 우선 내 것이어야 한다는 것이 작가에 대한 도리처럼 느껴지기 때문이다. 오래전부터 내 곁에 있어 손때가 묻은 빛바랜 책들이 내 정신의 영양분이 되었다고 생각하면 그 가치에 대한 집착은 차라리 애정에 가까워진다. 그렇다고 그렇게 쌓인 책들이 반듯한 장정을 한, 남에게 내세울 만한 장서본도 아니다.

책을 읽으면서 얻었던 정신의 풍요 못지않게 그 책이 내 곁에 있다는 것은 마음 든든한 일이다. 책이란 마음이 가난해졌을 때 언제든지 꺼내어 다시 읽어볼 수 있도록 곁에 있어 주어야 하는 것이기 때문이다. 그러나 요즈음 읽어야 하는 목적이 사들이는 행위의 수단이 된 바람에 책방에 자주 가지지 않는다. 그나마 사 놓고 읽지 않은 책이 너무 많이 쌓여 있으니 부끄럽기 짝이 없을 뿐이다.

기회가 있으면 헌 책방도 자주 찾아야겠다는 생각을 한다. 뜻밖의 보물을 만날 수 있기 때문이다. 나는 정말 주변에서 우연히 얻게 된 몇 권의 소중한 책을 보물처럼 간직하고 있다. '라게르크비스트' 의 《바라바》, 'A · 비어즐리' 의 삽화가 선명한 '오스카 와일드' 의 《살로메》, 그리고 '최독구' 의 《승방비곡》이며 '유치진' 의 《희곡선집》 등 일일이 다 열거할 수 없다. 그 책들의 값은 새것이 아니라 묵은 것이어서 내게는 더욱 빛이 나기 때문이다.

외출

모처럼의 휴일을 집 안에서 쉴 수 있다는 것은 즐거운 일이다. 그동안 절제되지 않은 생활 리듬을 정돈하고 흩어져가는 정신력을 재충전할 수 있기 때문이다. 그런 휴식이 무료는 아니다. 자신의 긴장을 풀고 편안히 쉴 수 있다는 엄연한 계획의 일부분이다.

휴일이라고 해도 늦잠은 자지 않는 편이다. 모처럼 출근을 서두르지 않는 날, 평소에 늘 쫓기던 그 시간에 신문을 읽거나, 음악을 듣는 등 여유를 즐긴다. 자기만의 일을 할 수 있다는 즐거움 때문에 휴일이면 샤워도 일찍 하고 커피도 두어 잔 마셔 정신을 더 맑게 해둔다. 무얼 할 것이냐. 막상 손에 잡히지도 않지만 할 일 또한 너무 많은 것이 내 휴일이다.

물론 늦잠도 즐거울 때가 있다. 문득 눈을 떠 창에 비쳐든 햇살을 보거나, 밤사이 내리는 빗소리를 들을 때 생기는 아늑한 여유가 무엇보다도 좋다. 만사를 잊어라, 그냥 늘어져 봐라, 그럴 때마다 나 자신에게 던지는 말이다. 전전반측, 어찌 그 뒤척임이 즐겁지 않겠는가.

그렇듯 휴일을 하루 앞둔 것을 빌미로 간밤에 늦게 잠자리에 들었거나, 혹은 술을 마시지 않은 이상 늦잠은 자지 않는다. 평소의 습관에서 벗어나지 못하는 생활리듬 때문이기도 하지만 자칫 정신이 궁색해져 게을러질 수 있음을 경계하기 때문이다.

오전의 한때를 보낸 뒤 살짝 졸음이 오면 낮잠 한숨 자는 것도 꿀맛이다. 집 안에서의 일과란 정해진 것도 아닌데다 지속적이지도 못해 곧장 싫증이 날 때가 있다. 그럴 때면 하던 일 펼쳐 놓고 그 자리에서 한숨 잘 수 있는 즐거움이 있다. 낮잠은 늦잠보다 훨씬 더 달콤한 휴식이며 그 일과의 한 부분이다.

그러나 요즈음 이 시대를 살아가면서 그런 휴식을 즐기기란 쉽지 않다. 휴일에 자주 있는 여러 모임이며 행사가 쉴 틈을 주지 않는다. 어쩔 수 없는 인사치레는 그렇다 치고 쉬어야 하는 날인데 쉴 수가 없는 경우는 가정에서도 예외가 아니다. 나름대로 굳어진 간단한 여행도 준비해야 한다. 아내의 표현을 빌리자면 '생활의 활력소' 를 찾아야 하기 때문이다. 그렇지 않고 하루를 집에 머물기로 한다면 장보기, 대청소, 빨래 등 집 안의 일들로 부산을 떨어야 한다.

이제는 유희에 가까운 일에는 풀이 꺾여 그런지 신명이 나지 않는다. 십 리 백 리도 멀다 않고 사람 모이는 곳이면 기를 쓰고 달려갔던 한때가 있었지만 이제는 웬만한 자리는 사양하고 있으니 이만저만한 변화가 아닌 셈이다. 그저 집 안에서 음악을 듣거나 책을 읽거나 영화를 보거나, 글이라도 한 구절 쓸 수 있다면 좋겠다는 나만의 시간이 이제 절실해졌다.

칩거라는 것이 좋을 때도 되었다는 것이 지명을 훨씬 넘긴 뒤부터다. 휴가 중 특별한 일이 없다면 꼼짝없이 닷새고 일주일이고 집 안에 틀어박혀 있다. 속칭 '방콕' 신세다. 그런데 그 방콕 신세인 것조차도 거의 잊고 산다. 나만의 시간이라는, 하고 싶은 일의 순환이 싫증을 덜어주기 때문일까. 나의 외출은 이제 나이에 반비례하는 모양이다.

동백다방 추억 · 1

어느 TV 연속극에 60년대 말이 배경인 멜로드라마 하나가 있다. 지난날 경험했던 한 시절의 풍경을 다시 보는 것 같아 줄거리보다는 소품에 눈길이 자주 간다. 대폿집 벽에 붙어 있는 '원기소' 포스터도 반갑고 '워싱턴 광장' 경음악도 자주 흘러 좋다. 최은희, 김승호, 이민자의 얼굴이 보이는 추억의 영화 포스터들이 야릇한 향수를 일으키기도 한다.

그 시절 여인들은 일반 가정에서도 한복을 주로 입었다. 연속극에서도 시앗을 본 남편의 주변에 얽힌 주연, 조연들의 한복 자락이 그 시대의 질투와 인내를 한눈으로 보는 것 같아 재미있다. 거기에 주무대가 되고 있는 다방에 언제나 흐르는 음악도 '자니 기타' 이다.

내 고향의 동백다방冬栢茶房.

순창 터미널 네거리에서 남쪽으로 가는 작은 골목 모서리에 서 있는 이층 목조건물이다. 좁고 작은 계단을 올라가면 소박하게 꾸며

진 20여 평의 작은 공간의 이름이 언제나 낯설지 않다. 뒤마의 춘희 '마르그리트' 가 연상되기도 하지만 그렇다고 요염하지 않은, 어딘가 남쪽의 따뜻한 마을과 같은 정감이 스며 있는 이름이다.

연속극에서처럼 그 시절 동백다방에도 '빅터 · 영' 의 '자니 기타' 가 자주 흘렀다. '페기 · 리' 의 애수에 찬 노래, 영화 〈고원의 결투〉 주제곡이다. 최근 연속극을 보면서 떠오르는 그리운 추억들이 모두 다 그 애수처럼 습기를 머금고 있다.

별 하릴없이 드나들었던 다방의 한구석에 앉아 월남전 소식을 신문으로 읽었고 우리 말고 손님이 없으면 전축을 틀어 놓고 마담과 지르박을 추기도 했다. 속칭 놈팽이 시절, 70년대 초였다.

다방에 가면 마담이 공단 치맛자락을 휘감으며 손님을 맞았다. 다른 종업원과의 엄격한 지위(?)를 구분하는 상징처럼 마담의 그 태態는 언제나 당당했다.

다방의 손님들은 대개 우리 고을의 선후배들이었다. 용건이 있어서가 아닌 동네 사랑방 같은 자연스런 만남 장소였다. 서로 커피 한 잔 사기도 하며 함께 어우러지면 술 한 잔 마시자고 몰려나가기도 했던, 늘 생기 넘치는 곳이었다.

작은 시화전이나마 열 수 있는 문화 공간이었고, 좋아하는 음악을 가끔 들을 수 있었던 안식처였으며, 때로는 홍차에 위스키를 섞어 마시며 청춘의 방황과 도도한 자존심을 누릴 수 있었던 우리들의 사랑방.

이제 그 분위기는 많이 달라졌겠지만 아직도 많은 사람들의 사랑을 받으며 동백다방은 그 자리에 남아 있다. 주인도 손님들도 그때 그 사람들의 대를 물려가고 있다. 의자에 몸을 파묻고 줄담배를 피우며 괴로워하는 사람의 모습도, 유리창 아래 거리를 내려다보며 차 시간을 기다리는 이름 모를 여행객의 모습을 지금도 볼 수 있을까. 그들에게 따뜻한 말 한 마디 건넬 줄 알았던 아름다운 정취가 있었던 우리들의 세대였다.

추억을 확인시켜 줄 공간이 있다는 것은 행복하다. 그 작은 공간이 아직 고향 하늘 아래에 존재하고 있음은 얼마나 즐거운 일인가. 세월만큼 그 분위기도 많이 바뀌었겠지만 변화보다는 존재로서 더 큰 의미가 있는 우리의 동백다방. 한 세대의 추억을 고스란히 간직한 채 동백이란 이름으로 그 자리에 남아 있는데 유수처럼 흐른 세월이 문득 쓸쓸해지기도 한다.

그 다방에 가본 지도 오래되었다. 언젠가 기회 있어 사랑하는 우리들, 그 패거리들과 둘러앉아 커피를 마시는 날이 한 번쯤 있었으면 좋겠다. 음악은 '쟈니 기타', 나직이 깔아 놓고서.

동백다방 추억 · 2

다방 한구석에서 맞선 자리가 생겼다. 당사자인 청춘남녀와 그들 양가의 부모님인 듯 나이 들어 보이는 부부, 그리고 중매쟁이인 듯한 쪽 찐 노파가 함께 자리하고 있었다. 교통도 썩 좋지 않은 시절이라 5일 장날에 때맞춰 선을 보는 듯, 어른들 자리 옆에는 장 보퉁이가 놓여 있었다.

전혀 모르는 청춘남녀가 자기의 미래를 위한 중대한 기대를 갖고 만나는 자리인 만큼 본인들은 긴장이 쌓인 몸짓들이었다. 그러나 함께 온 양쪽 부모들의 표정에는 매파를 통해 이미 알 것은 알고 있다는 듯 가벼운 미소가 흘렀다. 어색하지만 그래도 사람이 사람을 보며 만족해하는 모습은 보기 좋았다.

양가의 부모들과 매파가 곧장 자리를 떴다. 당사자들만 남겨 놓고 자리를 피해주는 절차였다. 다방의 손님들은 규호 형과 나, 둘밖에 없었다. 제3자인 구경꾼들이 맞선자리를 훔쳐볼 수 있다는 것은 이

만저만 흥미 있는 일이 아니었다. 우리는 서로 우리끼리의 대화에 열중한 듯 딴전을 부렸지만 실은 그들 쪽에 귀추를 주목시키고 있었다.

한참 동안 그들은 말이 없었다. 여자는 고개도 들지 않고 앉아 있는데 그래도 먼저 말을 건네는 사람은 남자였다. 아마 형제가 몇이냐, 나이가 몇이냐, 어쩌면 장차 처갓집이 될 식구들 탐문이었을 테지만 그것도 별로 중요하지 않은, 분위기를 메우기 위해 나누는 어색한 대화일 뿐이었다. 얼굴이 까무잡잡한 총각은 분명히 농사를 짓는 젊은이요, 여자 또한 집안일을 거드는 듯한, 소박한 시골 사람의 모습이었다.

얼마 동안 시간이 흐른 뒤였다. 마담이 차 주문을 받기 위해 치맛자락을 날리며 그들 자리 쪽으로 갔다.

"뭘 드시겠습니까?"

마담이 물었다. 남자는 여자에게 눈길을 주었다. 먼저 주문을 하라는 표정이었다.

여자는 여전히 고개를 들지 않고 잠시 부끄러운 표정을 짓더니 수줍게 대답했다. 그 소리는 때마침 음악도 끊겨 조용한 틈을 타 저만큼 떨어져 있는 우리에게도 또렷이 들려왔다.

"곰탕이요."

이 작고 당당한 여자의 주문은 적당히 부스럭거리며 딴전을 부리던 우리들의 의식을 한순간에 정적으로 몰아넣었다. 규호 형과 나는 서로 얼굴을 바라보며 눈으로 말하고 있었다. 저 무슨 소리?

"같이 주세요."

더욱 기가 막힌 것은 남자의 주문이었다. 아마도 다방이라는 공간을 처음 찾은 듯 청춘남녀의 순박함이 그대로 배어 있는 얼굴들이었다.

마담이 얼굴 표정 하나 바꾸지 않고 카운터로 돌아와 주방에 커피를 내달라 했다. 커피가 나오는 동안 마담과 우리는 눈길을 주고받으며 터져 나오려는 웃음을 잘근잘근 씹었다. 차마 웃을 수도 없다는, 두 사람에 대한 배려가 우리들의 의중에 담긴 탓이었다. 비록 우리들끼리 웃을 수 있는 이야기였지만 당사자들 앞에서는 지켜 주어야 할 예의였기 때문이었다.

그 여자와 남자는 사태를 알아차린 듯 묵묵히 곰탕표(?) 커피를 마셨다. 곰탕을 시켰는데 웬 쓰디쓴 물이냐는 표정조차 감추어진, 두 사람의 어깨가 순박해 보였다. 카운터에 계산을 마치고 여자의 뒤를 따라 나가며 남자는 뭔가가 이상하다는 듯 고개를 갸웃거리고 있었다.

70년대 초였다. 라디오에선 김추자의 '님은 먼 곳에' 가 자주 흐르고, 순창 읍내 앞 냇물에서 여울 낚시를 할 수 있었던 시절이었다.

동백다방 추억 · 3

동백다방에 한 선배가 들어섰다. 절대적으로 막걸리만 마시는 그 선배는 이미 얼큰히 취기에 젖어 있었다. 어떤 주막집에서 누구랑 함께한 자리 끝이었는지 잘 모르겠지만 그날 그의 등장은 혼자였다. 평소 다방에서 보다는 주막집에서 더 자주 볼 수 있는 얼굴이었다.

늘 웃는 얼굴로 사람들에게 넉넉한 인정을 주는 선배는 대학생 시절 광주의 건달세계에서 겪은 무용담을 호기 있게 말하기를 즐겼다. 그러나 그날 선배의 취기는 그 호기를 넘어서 만용에 가까워져 있었다.

선배는 기분이 좋은 듯 의자에 앉았다. 어항 옆이었다.

"이게 뭐여."

취한 선배의 눈에 어항의 금붕어가 보인 것이다. 조금 전 대폿집의 안주가 부실했던지 선배의 손이 어항 속으로 쑥 들어갔다. 좌중에 있던 사람들이 미처 만류할 시간도 없었다. 금붕어 한 마리가 선배의 입 속으로 들어가 우지직 소리를 냈다. 초장 한 방울 없이 선배의 입가심으로 산 채 희생된 것이다.

잘 모르는 사람이 그 현장에 있다가 그 객기의 주인공을 우리 둘째형이라고 소문을 냈다. 어쩌면 외모가 우리 형과 비슷해 착각을 한 것이다. 우리 형님은 민물고기는 물론 매운탕 지진 것도 들지 않았던 분이라 그 소문의 해명이 나는 늘 부담스러웠다. 평소 호방한 성격 때문에 많은 일화를 남기신 분이긴 해도 그 금붕어 사건은 전혀 남의 이야기였다.

아무튼 그 선배도 고인이 되셨고 또한 그분의 선배인 우리 둘째 형님도 세상을 뜨신 지 오래되었다.

"얏쓱아. 세상에."

저쪽 어디선가 우리 형님이 그에게 그 '비린 맛'에 대한 질책을 한다. 사이 좋은 두 사람이 서로 껄껄 웃고 있다. 남아 있는 이 시절 사람들의 잃어버린 멋이 고인들 얼굴에 비유되어 문득 쓸쓸해진다. 세상도 변했지만 변한 만큼 잃은 것은 풍류이기도 하다. 금붕어 씹은 것이 무슨 풍류일까마는 어렵게 살아왔던 시절, 옛사람들의 객기는 그래도 멋이 있었다.

가끔 다방에서 어항의 금붕어를 본다. 그 한가한 어류 유영을 관상하는 것이 전부가 아니다. 그 옛날 내 고향 동백다방 벽에 걸린 카페트의 낙타 그림이며, 지직거리는 레코드음악 소리와 지금은 사라진 두향차와 함께, 그 시절 그 사람들의 풍류가 그립기만 하다.

용담

"어디로 가시게요?"

모처럼의 유월 휴일을 맞아 나들이를 떠나는 차 앞에서 아내가 묻는다. 무작정 가자고만 했지 행선지는 말하지 않았기 때문이다. 가끔 계획 없이 나섰다가 불쑥 생각이 떠올라 목적지로 향하는 재미가 있기도 했다. 때로는 차만 타고 빙빙 돌다가 풍광 좋은 산마루나 숲 그늘에서 커피 한 잔 끓여 마시고 오는 경우처럼 원래 우리들 출타 습성은 즉흥적이었다.

"갈 데가 있어."

대단한 명소라도 정해 둔 것은 아니지만 이번엔 꼭 한 번 찾아가고 싶었던 곳이 있었다. 감꽃이 지고 밤꽃이 피는 유월이어야만 그 추억의 편린을 하나하나 주워 모을 수 있는 곳이었다. 그곳을 목적지로 삼아 떠나기 위해 얼마 전부터 유월이 되기를 기다려 온 나였다. 유년의 추억 한 소절 그대로 남아 나의 가슴 한쪽을 아프게 하며 손짓하여 부르는, 가깝고도 먼 곳이었다.

그동안 그곳에 가기를 주저해왔다. 세월이 흘러 얻어질 변모와 괴리를 이겨낼 자신이 없었던 것이 그 이유였다. 철없는 나이에 얻은 내 원형의 투명하고 소중한 아픔을 오래오래 즐기고 싶었기 때문인지도 몰랐다. 추억을 회상하면서 즐길 수 있는 아픔이 있다면 그처럼 소중한 것이 어디 있겠는가. 그 소중했던 추억이 어떤 시각의 변화 때문에 무의미해질지 모른다는 조심스러운 회피가 그동안 나를 주저하게 한 것이다.

몇 해 만인가. 이 해 유월이 아니면 영원히 못 볼지도 모르는 그곳에 이제 가보려 한다. 손끝으로 헤아려보니 떠나온 지 36년이다. 참으로 많은 세월이 흘렀다.

굽이굽이 산모퉁이 길을 따라간다. 밤나무 꽃이 드문드문 눈 아래 산 숲에 섞여 있는 유월의 청록빛 풍경이 추억에 젖어 애조를 띤다.

그 옛날 그때는 고르지 못한 노면을 완행버스가 덜컹거리며 달리고 있었다. 차가 흔들릴 때면 버스 맨 뒷자리에 앉은 나는 창틀에 머리를 부딪치기도 했다. 굴곡진 길 따라 차창 풍경은 어지럽게 흔들렸다. 달리는 차가 뿜어낸 먼지가 이따금 차창 안으로 흘러 들어왔지만 그래도 산 빛은 싱그러운 초여름이었다.

진안군 용담면 용담중학교. 아버지는 옛날 그 학교의 교장이셨다. 내 고향 순창에서는 상당히 먼 거리였는지 평소 주말이면 오셨던 아버지가 다시 임지로 돌아가실 때는 언제나 새벽이었다. 내가 미처 새벽잠 깨기도 전에 아버지는 길을 떠나셨고, 그 뒷자리는 늘 허전하기만 했다.

아버지가 먼 곳에 계시는 동안 고향에서 가족들 수발을 하시던 어머니가 뒤늦게 용담으로 가시게 되었다. 남의 집 셋방에서 꾸려 온 살림은 큰누나가 맡기로 한 뒤였다. 어머니의 품을 떠나 본 적 없는 나로서는 전학서류 한 장 달랑 들고 따라가는 입장이었다. 참으로 별 생각 없이 어머니와 함께하는 외출쯤으로 나는 생각하고 있었다.

그날과 똑같은 산길을 나는 가고 있다. 예전과 다르다면 길이 포장이 되었다는 것뿐이다. 36년 만에 이 길을 가면서 그때와 똑같은 풍경의 창 밖을 본다. 밤꽃도, 떡갈나무도, 산허리에 드러난 황토와 먼 산 그림자도 그날처럼 나를 맞는다. 그러나 그때의 설렘과는 달리 가슴에 무겁게 가라앉는 우울함이 있다.

면 소재지가 바라다보이는 언덕길에서 차를 세웠다. 발아래 마을 앞 송림을 휘돌아 흐르는 냇물을 바라보니 그 물빛이 전과 다르다. 그 깊고 아득했던 수심도 세월의 흐름 따라 고갈된 빛을 띠고 있다. 이곳에 이제 댐이 들어서고 얼마 후면 산천은 물이 넘칠 터인데, 예전과는 다른 유수의 갈증이 어쩐지 서글프다.

고개를 들어 작은 마을의 풍경을 바라본다. 불과 몇 개월 동안이지만 나를 감싸안았던 산의 품, 그 모습 그대로 변하지 않았을 것이라는 감회가 가슴속 그리움을 떠안고 온다.

전학 첫날 비가 내렸다. 담임선생님의 딱딱한 표정, 호기심에 찬 아이들의 시선, 고향을 잠깐 떠나 나들이 온 것처럼 생각했던 새 생활은 시작부터 기대에 어긋나 있었다. 열두 살 어린아이에게는 모든 것이 벅찬 일상이었다. 남의 집에서 자고 일어난 생소함처럼 나는 날마다 그대로였다. 날이 갈수록 나 자신도 알 수 없는 깊고 깊은 향수병에 시달리는 어린아이였을 뿐이었다.

차를 몰아 면사무소 골목으로 돌아든다. 어머니가 쪽을 풀고 머리를 감아 올린 모습으로 차에서 내려 걸으시던 그 길이다. 교장댁이 쪽이 뭐냐는 큰누나의 성화에 비녀를 뽑았던 어머니는 관사에 도착한 즉시 다시 쪽을 찌셨다. 도무지 어색하고 창피하다는 어머니의 생각도 그랬고, 가족을 기다리시던 아버지의 눈빛이 날카로워진 탓도 있었다.

용담댐 건설이 확정되기까지 고향을 지키기 위한 주민들의 반응도 눈물겨웠음을 나는 알고 있다. 댐 건설의 타당성과 부당성의 끝없는 논쟁 속에서 결국 사람들은 고향을 떠날 수밖에 없는 현실이 되었다. 더러는 일찍 떠나기도 했지만 더러는 발목에 물이 찰 날까지 떠나고 싶지 않은 사람들도 있을 것이다.

아직은 그래도 사람들은 살고 있다. 오늘 하루를 살기 위해 땀을 흘리면서도 시름을 가슴에 묻은 사람들, 그들은 언제 떠날 채비를 시작하는 것일까. 그들은 이제 떠나려 하고, 36년 전 작았던 소년은 짧은 석 달간의 기억 하나만 가지고 옛 흔적을 찾아왔다. 그러나 얼마 후 나도 그들과 똑같이 그 흔적을 물에 묻어야만 한다.

마을의 끝에서부터 시작된 중학교 가는 길은 언제나 멀어 보였다. 교문도 없고 울타리도 없이 트인 운동장을 앞에 놓고 작은 중학교 건물이 서 있었고, 그 건물 뒤로 시멘트 벽돌로 지어진 교장관사가 있었다.

그러나 어린아이의 눈에 비쳐 기억된 모든 것들은 현실과 너무나 달라져 있었다. 좌우로 드넓게 펼쳐진 밭을 두고 가운데로 뚫린 중학교 가는 길은 착시를 일으켰던지 그 거리가 의외로 짧기만 하다. 친구 따라 교회에서 놀다 돌아오던 밤, 콩밭에 달빛이 교교히 내려앉아 무섭고 멀었던 그 길이었다.

중학교는 많이 변해 있었다. 새 건물에 잘 정돈된 운동장, 등나무 벤치, 교사 뒤쪽 옛 관사 터는 숙직실인 듯 새로운 건물이 들어서 있다. 하긴 36년이 흐른 뒤인데 그 옛날의 흔적이 남아 있을 리 없다. 다만 나의 시선이 가깝게 머물렀던 학교 뒷산이 그대로 살아 숨쉬며 나를 내려다보고 있을 뿐이다. 네가 이제 왔구나 하고 말하는 듯. 그러나 이 학교도 저 산의 품을 떠나 곧 이사를 해야 할 것이다.

그 옛날의 기억을 하나하나 되살리며 나는 울적하게 운동장을 서성거린다. 작은 돌덩이 하나라도 흙에 뒤섞여 거기 살고 있었던 것을, 나는 살아 움직이면서 이제 겨우 옛 자리 흙을 딛고 쓸쓸히 서 있다.

중학교 동쪽으로 초등학교가 있었다. 인삼밭 옆으로 난 작은 길을 따라 나는 혼자 학교를 다녔다. 뒷산에 뻐꾸기가 자주 운다고 일기장에도 썼던 길을 그대로 다시 걸어본다. 길은 별로 변하지 않았다. 초등학교와 중학교가 서로 빤히 바라다보이는 작은 언덕길을 혼자 걸으면서 나는 언제나 울었다. 열두 살 어린아이가 울먹이며 걷던 길, 그가 이제 중년의 나이가 되어 그만했던 아들아이를 데리고 아내와 함께 걷는다.

왜 그랬을까. 왜 나는 멀리 있는 산을 보며 울고, 가까이 난 하얀 길을 보며 울었을까. 아무도 나를 괴롭히지 않았고 부모님의 품안에 있었으면서도, 어찌하여 새 우는 소리에도 가슴을 깎았을까.

전생에서나 물려받아 왔을지 모르는 아린 통증, 그때의 추억으로 확신할 수 있는 어떤 운명의 힘을 나는 느낀다. 그 무렵 남청빛 먼 산 그림자와 새 울음소리, 하늘거리는 풀잎 하나에 이르기까지 아름다웠던 것들은 모두 서러움으로 귀결되던 운명의 힘 말이다.

그러나 그때의 내 모습은 심각하지 않은 가정사의 한 부분이었을 뿐이다. 세상은 급박하게 변해가고 있었고 사람들은 군사혁명 구호에 맞추어 살기 바빴다. 차라리 징징대며 아버지 그늘에 있었던 그때가 가장 행복했던 시절이었음을 나는 나중에 알게 되었던 것이다.

그 길을 따라 걷다 초등학교 교문 앞에 선다. 아카시 잎사귀가 무성했던 서편 울타리는 뱀이 나올까 봐 무서운 곳이었다. 학교 건물도 바뀐 지 오래되었겠지만 옛 정취를 기억에 안은 채 정문에 서는 마음이 착잡하기 이를 데 없다. 담임선생님이 미웠고, 비 내리는 창 밖이 우울했으며, 뒷산의 새 우는 소리가 슬프기만 했던 유년의 기억.

하지감자를 캤던 학교 앞 텃밭도 그대로인 것 같은데 하얀 감자꽃은 보이지 않는다. 곳곳에 하얀 페인트로 써 놓은 군사혁명 구호는 지워졌지만 송충이를 잡기 위해 뒷산으로 오르는 길은 그대로 있을 것이다.

운동장에서는 젊은 청년들이 축구를 하고 있었다. 운동장가 벤치에 걸터앉아 그들의 공 차는 모습을 건성으로 보며 생각에 잠긴다. 그 옛날 남자 여자 함께 뒤섞여 공을 차는 것이 신기하기만 했다. 그때도 나는 운동장가에 앉아 구경만 하던 아이였다.

초등학교 앞 좁은 골목길을 걷는다. 차는 먼 곳에 두고 마을을 한 바퀴 돌아 걷는 것을 아내도 아들아이도 불평하지 않는다. 보이는 것 하나하나 작은 내 언급에 아내의 표정은 이미 숙연하다.

마을의 작은 고샅 풍경이 눈에 익은 듯 따뜻하다. 하긴 오래전부터 댐 건설이 거론된 수몰 예정지라 변화가 더딘 탓도 있었을 것이다. 어찌 변하지 않았을까마는 마을의 모습들은 그래도 옛 기억을 되살려 놓는다. 작은형이 친구들과 물고기를 잡은 뒤 돌아와 국수를 삶고 술잔치를 벌이던 집, 그 집으로 가는 골목 어귀의 호두나무까지 그대로인 것 같다. 병육이가 살았던 집을 바라보면서 친구들의 이름을 떠올려 본다. 겨우겨우 기억할 수 있는 이름들이다. 형준이, 원식이, 태호. 모두다 잊힌 얼굴들인데 언제 한 번쯤 다시 만날 날이 있을까. 고향을 영원히 잃어야 하는 사람들의 실의처럼 나의 마음도 무겁게 내려앉는데 뉘 집 담장 안의 장미꽃만 타는 듯 붉다.

마을의 서쪽 냇가에 자리잡은 태고정太古亭 정자에 앉아 본다. 수릿날 그네를 뛰었다는 소나무 등걸은 아직 그대로 의연하기만 한데 사람들은 기억만 간직한 채 다 떠나야 할 모양이다. 내 어릴 때 작은 손길이 스쳐 갔을지 모르는 정자 난간을 쓰다듬어 본다. 고향을 등질 그들의 손길을 애통의 흔적으로 간직했을 늙은 조상님네 손등 같은 난간.

정자 아래로 비탈길을 내려 물 흐르는 냇가에 간다. 습지에 잡초만 무성하여 발길 옮기기가 힘들다. 헤엄을 칠 줄 몰랐던 내가 형준이가 물에서 동동 뜨는 모습을 바라보고 앉아 있었던 바위, 그 바위도 변함없이 그대로 누워 있다. 내川는 그대로건만 물은 옛이 아니로구나, 나는 그 물에다 손을 씻는다.

그때 그런 생활 중에 여름방학을 맞았다. 큰누님을 따라 고향에 돌아와서 그대로 다시 찾지 않았던 이 용담, 처음엔 가기 싫었지만 나중엔 가고 싶어도 갈 수 없었다. 그해 가을, 아버지는 다시 고향으로 전근되셨기 때문이었다. 그리고 곧바로 정년단축 조치로 갑작스레 퇴임을 하셔야만 했다. 그때 아버지가 견디셔야 했던 실의와, 어머니가 품으셨던 수심을 이 작은 마을에서 연상할 수 있는 인연의 끈을 나는 지니게 되었다. 고향을 잃은 사람들과, 이유 없는 눈물로 얼룩졌던 내 추억의 무게와 함께.

딱 석 달간의 전학생활이었다. 쉽게 적응할 수 없었던 철없는 방황의 기간이었지만 어찌 따뜻했던 친구들의 마음과 아름다운 풍경 안에서 뛰놀던 그때를 잊을 수 있으랴. 그러나 그 많은 세월 뒤에 찾아온 이곳에 친구도 없다. 설마 있었다 하더라도 이제 모두 다 떠난 사람들인 것을.

말해 무엇하랴. 여기는 이제 물에 잠긴다. 말 그대로 용龍이 못 깊은 곳에潭 들어야 한다는 곳이 된다. 그리하여 많은 사람들은 가슴에 애환을 묻은 채 실향민이 되어 떠나야 한다.

아이들과 어울려 삼밭 구경을 가고, 모래에 감자를 묻어 구워먹던 추억도 아름다웠다. 옹애 밭이 있던 산골짜기, 냇가에서 미역을 감으며 옷 말리던 바윗등, 태고정 밑 벼랑에 어느 유명한 이가 썼다는 핏빛 나는 암각문도 이젠 물에 잠길 것이다.

냇가에 묶여 풀을 뜯는 소가 한가롭다. 저 소도 곧 이주하는 주인따라 함께 떠나야 할 것이다. 이 마을에 서린 내 작은 추억도 고향을 떠난 이들의 가슴과 함께 속절없이 물에 잠길 터인데 풀숲에 숨어 핀, 쇤 민들레꽃 하나가 내 가슴에 씨를 묻는다.

찰나의 여유

날은 맑다. 많은 인파, 산에서 내려오는 사람, 이제 산에 오르는 사람. 휴일의 산 언저리는 이른 계절의 기운을 만끽하려는 사람들의 발걸음으로 북새통을 이루고 있다.

가족들끼리, 친구와 연인들, 더러는 혼자 오가는 사람들 틈에 끼어 나는 아내와 함께 걷는다. 산비탈이 시작되는 개울까지는 그런대로 평탄한 길이다. 소나무 숲 그늘 뒤로는 산에서 흘러내린 물소리가 들린다.

결코 늦은 시간이 아닌데 벌써 산에 올랐다가 내려오는 사람들이 있다. 그들 틈에 사람 하나 걸어 내려온다. 혼자서 천천히, 숲 그늘로 난 길 한복판을 그 특유의 걸음걸이로 내려오는 사람. 분명히 그다. 나는 그가 금방 누구라는 것을 알아차린다.

그.

꽤 오랜만의 만남이다. 이십여 년 만이지만 나는 그를 알아볼 수 있다. 비록 색안경을 쓰고 있지만 큰 체격과 잘 생겼던 얼굴의 윤곽만은 결코 잊어버릴 수 없는 사람이기 때문이었다.

군 제대 후 불쑥 교단에 섰던 시절이었다. 잠깐 들러보라는 은사님의 호출에 모교에 갔다가 출석부를 쥐어 준 바람에 수업을 하게 되었다. 아침에 학교에 갈 때는 놈팽이였다가 오후에 내려올 때는 교사가 된, 어리둥절한 하루였다. 그렇게 시작된 강사생활, 그 영역에 그가 있었다.

그는 학교 교기를 특별 지도하는 체육교사였다. 그야말로 우람한 체구에 깨끗하고 잘생긴 얼굴이었다. 대학보다는 명문 고등학교 출신의 당당함을 늘 지니고 있었던 사람, 두 아이의 아버지답지 않게 자유분방한 의식은 어딘가 상대방을 위압하는 특유의 카리스마까지 지니고 있었다. 달필이면서도 균형 잡힌 글씨체, 체구 못지않은 대단한 음주량, 평화봉사단 미국인을 상대하는 영어회화 실력, 클래식음악을 좋아하는 정서감각도 놀라웠다. 씀씀이도 큰, 한마디로 도저히 남들이 흉내낼 수 없는 귀공자의 풍모였다. 나약하고 자격지심에 늘 허덕이고 있었던 나에게 그의 모든 것은 경이의 대상이었다.

강사생활이 끝나고 내가 모교를 떠나게 된 뒤 우연한 만남이 있었다.

"형님, 제 근무하는 곳에 한 번 놀러 오시지요."

정중히 한 말이었다.

"깐소리 마."

대뜸 그의 입에서 터져 나온 말이었다. 나의 정중함과는 거리가 있는 그의 언어가 비수가 되어 나의 가슴을 할퀴고 지나갔다. 너 정도는 상대할 바 아니라는 뜻이었을까. 모든 것에 당당하고 모든 것이 풍족했을 그에게 내가 근무하는 그 작은 두메로의 초청은 하찮은 인사치레로 여겨졌을지 모른다. 그러나 나는 그가 불편함을 참지 못하고 서민적인 것과는 거리가 있는, 세련되고 당당한 삶의 힘 때문이라고 위안을 했다. 무색하고 섭섭했지만.

세상을 바라보는 그의 눈이 어떻게 상황을 판단했는지 몰라도 그는 전망이 없다는 교직을 스스로 떠났다. 이웃 작은 도시에서 사업을 시작했다는 소식은 뒤늦게 풍문으로 들어 알고 있었다.

그가 나를 무색하게 했던 유감을 지울 수 없었음은 솔직한 심정이었다. 그러나 얼마 후 사업차 출장을 온 그를 딱 한 번 만날 수 있는 기회가 있었다. 술잔을 놓고 나누었던 그때의 대화는 의외로 진지했다.

"그동안 내가 무심했구만? 가끔 만나서 대화라도 나누세."

자주 만날 수 있는 거리에 있었던 것은 아니었지만 우리는 즐겁게 술을 마신 뒤 헤어졌다. 그리고 얼마 후 그가 부인을 사고로 잃게 되었다는 비보를 듣게 되었다. 늘 조용하고 말이 없었던, 현모양처의 사모님이었다. 그 소식을 들었을 때의 충격은 너무나 컸다.

"넌 왜 그렇게 얼굴이 슬퍼 보이니?"

평소에 그의 작은 딸아이에게 내가 해왔던 말 때문이었다. 갑자기 엄마를 잃어버린 딸아이들, 늘 애잔한 표정을 짓던 아이 얼굴의 그늘은 그렇게 운명적인 것이었을까 하는 생각이 들었다. 한마디로 그의 삶과 행동에는 전혀 어울리지 않는 시련이 이상하게 여겨질 정도였다.

이후 그의 소식을 듣지 못하고 이십여 년 가까운 세월이 흘렀다. 사업도 정리하고 어디론가 떠나버린 듯 그의 뒷일을 아는 사람들은 아무도 없었다.

그런 그가 앞에서 걸어온다. 이렇게 뜻밖에 그를 만나다니. 검은 안경 안에서 그는 눈빛을 감추고 나를 바라보고 있을지 모른다. 그 짧은 순간 그가 날 외면하는 마음을 지니고 있다면? 그러면서 내가 일부러 모르는 척 스쳐 가버리는 행위를 알아챈다면? 그는 저만치 걸어가면서 어떤 생각을 할 것인가.

그는 한때의 실의를 딛고 당당하게 이 세상을 살아왔을 것이다. 아니면 모든 것과 결별을 하고 자신을 은폐해버렸는지도 모른다. 그 자신의 근황은 물론, 이미 어른이 되었을 딸들은 어떻게 되었을까. 아아, 저 안경 때문에. 눈빛을 감추는 저 색깔 있는 안경 때문에 민망한 이 만남.

그가 걸어온다. 아직까지 그가 나를 알은체하려는 눈치는 보이지 않는다. 속으로 그는 외칠지 모른다. 그냥 가라. 알은체하지 마라. 아니면 모른 척 지나가버리는 나를 바라보면서 속으로 웃을지 모른다. 너 그러기냐. 내게 그러하기냐…….

내가 그를 모르는 척해야할 이유는 없다. 다만 이 뜻밖의 만남에서 취해야 할 행동이 순간적으로 생각나지 않는 것뿐이다. 사람들을 피하고 싶은 그의 마음을 내가 굳이 건드린다면? 이렇게 이른 시간에, 그것도 혼자 산에 올랐다 내려오는 자기만의 정신적 안유安裕를 내가 흔들어 놓는 것은 아닐까.

그와 가까워진다. 그 순간의 판단은 둘 중 하나다. 그냥 못 본 척 지나치거나 멈춰 서서 그를 부르거나. 그 시간은 이제 찰나의 여유밖에 없다.

집을 지키며

감기의 징조가 심상치 않다. 약을 먹고 단 한 걸음도 움직이지 않기로 마음을 먹는다. 모처럼의 휴일인데 식구들은 모두 외출을 했다. 갑자기 혼자가 되어 나는 집을 지키고 있다.

우수가 지난 지 한참 되었지만 창 밖의 바람이 한겨울 같다. 유리창이 덜컹거린다. 창 밖에 머문 한기가 오는 봄을 되쫓고 있는 것 같다. 절기는 앞서가지만 내 의식은 아직도 저 찬바람과 똑같이 떨고 있다. 세상물결에 당당하지 못하다는 부끄러움 때문에 모든 것을 그 자리에 놓아두고 피하고 싶은 생각이 부쩍 심해진 요즈음이다.

거기에 감기까지 괴롭힌다는, 몸과 마음의 고통이 결코 간단하지 않다. 어지럽고 열이 난다. 기분 전환을 위하여 샤워를 한 것이 재통을 불러온 듯하다.

아들아이가 놀러 나간 지 한참 되었다. 4시에 돌아온다고 했으니 지금쯤 학교 운동장에서 땀을 흘리며 축구라도 하고 있을 것이다.

모처럼 집에 있는 날인데 아들아이가 없으니 심심하기 짝이 없다. 아이는 일요일이면 컴퓨터 게임을 하거나 만화 영화를 보며 저 즐길 일을 한다. 평소 곁에 있을 때는 몰랐지만 아이가 집에 없으니 이렇게 허전하다.

집 앞만 나가도 따라나서기 좋아했던 아이였는데 어느 때부터인가 그 빈도가 차차 줄어들기 시작했다. 외출하고 돌아올 때면 줄달음을 쳐 문을 열며 아빠를 부르던 것이 엊그제 같은데 이제는 제 즐거운 일을 찾는 것이 먼저다. 한때는 귀찮아했으면서 이제는 그 변화가 어쩐지 섭섭해지기 시작한다. 자식들은 제 할 일에, 어른들은 거꾸로 자식들 일에 집착해 간다더니 벌써 그런 단계가 된 것이다.

아닌 게 아니라 귀와 볼이 빨갛게 물든 얼굴로 아이가 돌아왔다. 조금 늦은 시간이다.

"공 찼지?"

"응. 내가 두 꼴 넣었어."

"정말?"

나는 아이가 볼을 골인시켜 골네트가 출렁이는 모습을 상상한다. 늘 저희들끼리의 축구시합에서 주전이라는 자랑을 하지만 아이가 뛰는 모습을 볼 기회는 좀처럼 생기지 않는다. 지지리도 운동을 못했던 나로서는 아이가 여러 가지 운동을 즐기는 것이 대견스럽다. 다만 지나친 집착보다는 남에게 뒤떨어지지 않을 만큼 취미에 그쳤으면 좋겠다는 생각을 한다.

"아빠. 나 또 나가야 돼."

"왜?"

"친구 집에서 놀기로 했는데 그래도 돼지?"

결정은 먼저 해놓고 허락을 바라는 아이의 표정은 천진하기 그지없다. 원래 아이들끼리 노는 것을 나는 제재하지 않았다. 내가 조금 심심하겠지만 아이의 활발한 교우를 위해 안 돼 하고 말할 수는 없는 일이다. 친구 집에서 놀다가 곧바로 도장에 가겠다고 아이는 검도복을 입었다. 아직 작은 어깨지만 검은색 도복을 입은 옷맵시가 다부지다.

"양말은 신었지?"

"응."

"몇 시에 오지?"

"6시."

주어진 일에 시간을 쪼개어 쓰는 것에 아이는 길들어 있다. 학교생활, 여가생활, 가정학습생활, 그 일과대로 시간을 별로 어기지 않는 것도 늘 대견했다. 아이가 시간과 규칙을 잘 지켜 가는 것은 좋지만 어쩐지 분방한 기개를 잃는 것은 아닌지 걱정이 들기도 한다. 그러나 아이는 늘 씩씩하고 건강하여 나를 은근히 즐겁게 한다.

아이가 나간 뒤 나는 다시 혼자가 되었다. 혼자라는 분위기에 어울리게 '바흐'의 〈파르티타〉를 듣는다. 무반주 바이올린의 속 깊은 음률이 가슴을 따뜻하게 적시기 시작한다.

쌍화탕을 데워 알약과 함께 마신다. 체내에서 감기의 기를 어느 정도 완화시키고 있는지 약기운이 퍼지는 것을 느낄 수 있다. 나는 음악처럼 따뜻해지는 그 약의 효과에 믿음을 가지기로 한다. 믿음은 정신의 힘이다. 몸이 상쾌해지면 마음의 티끌도 집어낼 수 있을 것이다.

창 밖에 바람이 여전하다. 그러나 저 한기 안에서도 봄을 알리는 모든 생명의 물줄기들은 어디선가 힘찬 박동을 하고 있을 것이다.

섬 처녀

강원도 원주原州. 1군 사령부가 있는 군사도시이다. 동서로 둘, A도로 B도로로 불리는 일산동, 중앙동 부근은 지금 어떻게 변해 있을까. 군부대가 도처에 자리잡고 있는 곳이어서 경제는 물론, 사회, 문화가 군인 정서를 저버릴 수 없는 곳이기도 하다.

최전방 험준한 지역이 아닌 곳이라 휴일이면 외출, 외박을 나올 수 있는 작은 도시였다. 여관이며 목욕탕, 극장과 대폿집이 있어 모처럼 휴일이면 거리에는 군인들의 모습이 민간인들보다 훨씬 많았다. 세월은 흘러 도시의 풍경은 많이 변했겠지만 그 도시의 주인인 군인들의 발걸음은 예나 지금이나 여전히 분주하고 활기에 차 있을 것이다.

그해 초여름, 시장 상가 이층의 허름한 대폿집에서 우리 일행 서넛이 군화끈을 풀었다. 690원의 병장 한 달 봉급으로 술 한 잔 살 수 있는 여유가 누구에게나 있는 것은 아니었다. 그러나 빈대떡에 막걸리 정도면 우리들에게는 부담 없이 즐길 수 있는 최고의 먹을거리였음은 두말할 나위가 없었다.

안주접시를 담은 쟁반에 막걸리 주전자를 든 아가씨가 들어왔다. 스물서넛 또래들인 우리보다는 훨씬 나이 들어 보이는, 순박한 시골티가 묻어 있는 얼굴이었다.

" 아따, 군인 아자씨들 잘 생겼소잉. 이 병장님 한 잔 드씨요."

주전자를 든 여인의 입에서 뜻밖에 전라도 사투리가 튀어나왔다. 군복에 명찰, 계급장 분명한 것이 군인들이라 눈치 빠른 여인은 이미 지기를 다진 듯, 우리들에게 스스럼이 없었다.

"아가씨 고향이 어디당가?"

그녀가 건네준 술잔을 제일 먼저 받은 고향이 보성寶城인 이 병장이 반가운 듯 물었다. 평소 말마디에 주의력을 기울이던 이 병장의 입에서도 동향同鄕의 억양이 반가웠던지 대뜸 사투리가 튀어나온 것이다.

"저어그, 진도珍島에서 왔소."

천 리 객지 아무려면 어떠냐는 듯 술을 따르는 여인의 심드렁한 대꾸였지만 그래도 얼굴에 수심의 빛이 스쳐 지나갔다. 출신이 경향각지 제각각인 것이 군인들이지만 고향의 근처에 근처만 되어도 반가운 것이 인지상정 아닌가. 남도 북도 가릴 것 없이 한 지역 사투리만 써도 고향사람으로 생각하는 것이 군인들이다. 나도 이팔청춘도 한참 지난 화장기 없는 여인이 뱉는 남도 사투리가 반가웠던 것은 사실이었다.

고향이 어디네, 저기네 하는 말로 인정이 넘친 술잔이 서너 배 돌았다. 비록 군인이었다 하나 여가에 취흥이면 노래가 있었던 시절이었다. 여인이 젓가락으로 상을 두드리며 노래를 부르기 시작했다. 나무로 만든 상 가장자리는 이미 수천 수백의 젓가락 장단에 부대껴 칠이 벗겨지고 닳아 부스러진 꼴을 하고 있었다.

구름 가네 사랑 가네
나도 한 번 물새처럼
훨훨 날아가 봤으면

여인이 박자 개념 없이 무심히 내려치는 젓가락이 상 위에서 마른 소리를 냈다. 그가 흥얼거리는 노래는 이미자의 〈섬처녀〉였다. 자리에 앉아 있던 누군가도 덩달아 젓가락으로 상을 두드리고 있었지만 우리들은 자신도 모르는 새 그 노래에 빠져가고 있었다. 이미 그의 고향이 진도라는 것을 알고 있는 우리들에게 그가 부르는 노래는 곧 섬 처녀 자신의 애원哀怨이었음을 짐작할 수 있었기 때문이었다.

등댓불도 서러워라 외로운 섬 처녀
동백꽃 꽂아주고 서울로 간 그 사람은
아아, 나를 나를 영영 잊었나

여인의 눈에 물기가 서린 것이 그것을 증명해 주고 있었다. 우리가 아니더라도 한 잔 술이면 젓가락 장단에 흥얼거렸을 노래, 별 인연은 없으나 고향의 사투리에 익숙한 사람들 앞이라서 절로 보인 눈물이었을까. 첫사랑의 상처이건, 타향살이 설움이건 진도의 바닷가를 떠나 어쩌다 강원도 깊은 곳까지 흘러온 여인이 부르는 노래에 군인이었던 우리들의 마음도 절로 찡해질 수밖에 없었다. 남자들이 부르기에는 청승에 가깝다 할 정도의 애절한 곡조에 노랫말이었지만 고난의 여정이 빚어낸 여인의 눈물이 그 노래를 잊지 않게 한 원인이 되었음은 분명했다.

그러나 군사정부 서슬 퍼런 시절에 그 노래는 퇴폐적이다 해서 금지곡이 되었다. 지나친 애조에다 '나를 영영 잊었나' 하는 탄식이 국민 감정을 해친다는 이유였다고 한다. 애꿎은 노래가 수난을 당하던 70년대였다. 그때 가사 탓(?)으로 찍힌 노래들이 해금을 위해 꾀를 낸 모양이었다. 그 중 이 노래도 '나를 영영 잊었나' 의 마지막 가사를 '나를 찾아 돌아온다네' 로 바꾸어 놓았다. 그러다 보니 노래에서 풍기는 전체의 이미지가 훼손되고 말았다. 오죽했으면 그런 방편을 썼을까 생각하면서도 뒤틀린 노래 이미지가 씁쓸하기만 했다.

한 시대 대중의 정서는 노래에 반영된다. 서민들의 가슴에 담긴 노래일수록 순수의 힘을 얻는다. 그만큼 노래 가사는 가슴에서 우러나오는 시여야 한다. 곡 못지않게 시적 운율을 지녀야 한다는 말이다. 그것은 곧 가요를 좋아하면서도 또한 가요를 지극히 편식하는 내 버릇 중의 하나다.

이미자는 기회 있다면 이젠 이 노래의 가사를 원래대로 바꾸어 불러야 한다. 이 노래의 끝은 탄식과 어울리기 때문이다. 그때의 노래들이 거의 해금된 지금 이미 그렇게 부르고 있는지도 모른다. 다만 그 옛날 강원도에서 만난 그 여인의 탄식에 맞게, 물기에 젖도록 불러주면 되는 것이다.

그런데 그렇구나. 그때의 그 연인은 산전수전 다 겪은, 이젠 나이 육십을 바라보는 할머니가 되어 있겠구나.

기대

낯선 얼굴이 들어선다. 모자를 쓰고 부직포 큰 가방 하나를 든 청년의 표정이 잔뜩 긴장되어 있다. 출입구의 맞은편에 자리가 있어 들어오는 사람들의 시선이 자연 마주치게 되는 경우가 많다. 공교롭게도 이날 들어오는 그 청년도 내 시선과 마주치게 되었다. 아직 스물이 갓 됐을까 말까한 그가 조심스럽게 내게 다가오더니 옆에 있는 빈 의자에 앉았다.

"무슨 일이시지요?"

내가 조용히 물었다.

청년은 차마 말이 떨어지지 않는 듯 한참을 머뭇거리고 있다. 보아하니 물건을 팔러 다니는 것 같았는데 부직포 가방의 무게가 너무 가벼워 보인 것이 이상했다.

"저……."

잠시 머뭇거리더니 용기를 낸 듯 청년이 말을 꺼내기 시작했다.

말투가 너무 조용해서 무언가 은밀한 물건을 팔러 왔구나 하는 생각이 들었다.

"저어… 학교를 다니다 말아서 중학교도 못 나왔거든요. 이제 마음잡고 공부를 하려고 합니다. 학비를 마련하고자 해서 이렇게 찾아 왔습니다."

은밀한 물건을 내놓을지 모른다는 마음이 경계심으로 바뀌자 청년의 얼굴이 자세히 들여다보인다. 여기는 분명히 학교이고, 나는 그 청년의 아버지뻘쯤 된다는 나이 차이가 있는데 이 사람이 불쑥 어른의 주책을 야기할, 문제가 있는 어떤 물건을 내놓으면 어떡하나 하는 순간적인 판단이 들었기 때문이었다.

눈이 크고 쌍꺼풀까지 진 잘생긴 얼굴이다. 다만 반소매에 드러난 다부진 팔뚝에 큰 문신이 새겨져 내 의식을 혼란스럽게 한 것이 사실이었다.

청년이 조심스럽게 가방에 손을 넣더니 꺼내 놓은 것은 양말 세트 하나였다. 그것도 비닐에 거칠게 포장된, 저급한 것이어서 잔뜩 긴장했던 스스로가 민망할 지경이었다.

"다시는 안 올게요, 이거 하나 팔아 주세요."

마치 죄지은 사람처럼 조용히, 그리고 사정하듯 말하는 청년의 말투가 내가 가지고 있는 어떤 경계 의식을 와르르 무너뜨린다. 그런데 문제가 있다. 오늘따라 지갑을 차 안에 두었던 것이다.

마침 들어오는 동료에게 서류를 건네주어야 할 일이 있어 나는 그를 제쳐두고 자리에서 일어섰다. 간단히 일을 마친 뒤 자리에 돌아오니 청년이 보이지 않았다. 다른 사람에게 판매행위를 하나 싶어 사방을 둘러보아도 그 모습이 없었다. 그대로 나가버린 모양이었다.

어쩐지 마음이 개운치 않다. 내가 건성 대하는 행위 때문에 어떤 모멸감을 느낀 것은 아니었을까. 그 부끄러워하는 언어 앞에서 내가 얼마나 오만해 보였으면 더 이상 다른 사람에게 말도 붙이지 못하고 그냥 나가버렸을까. 내 행동이 큰 비수가 되어 그의 가슴을 찔렀는지도 모를 일이다. 급히 창 밖을 보니 청년이 먼발치 정문 쪽으로 걸어나가는 모습이 보인다.

부랴부랴 밖으로 뛰어나갔다. 급히 문을 열고 지갑을 꺼낸 뒤 정문 쪽을 바라보니 청년의 그림자가.보이지 않는다. 너무 늦은 것이다.

그냥 돌아서는 발길이 무겁다. 흔히 자기 처지를 과장하여 불쾌한 판매행위를 하는 사람도 적지 않게 경험을 해 온 터이다. 그러나 그런 경우와 다른 이 청년의 익숙하지 않은 행동이 마음 걸리게 한다. 하필이면 나에게 먼저 말을 건네서 이렇게 난감하게 한담. 문득 원망 아닌 짜증도 인다.

"하이구, 순진하기는. 그 사람이 책상 옆에 앉았다면 뭐 잊은 것이나 없는지 살펴봐요."

내 얘기를 들은 사람이 정색을 한다. 물건을 파는 척 앉아 있다가 빈자리의 책상을 살짝 뒤지는 신종 범죄가 있다는 것이다. 깜짝 놀라 서랍을 살펴보니 그런 흔적은 없다.

잠깐이나마 청년을 의심했다는 생각이 더 부끄러웠다. 더군다나 중학교도 못 마쳤다는 후회 섞인 그의 고백을 진실로 받아들이지 않은 것이 마음 무겁게 한다. 다시는 오지 않겠다는 간곡한 사정을 왜곡된 시각으로 대한 것도 사실이다. 아직 어린 사람이었는데, 그 어린 마음에 어른들의 냉대로 이 사회를 바라보는 시각이 뒤틀리지나 않을까.

여러 날이 지났지만 그 청년의 얼굴이 지워지지 않았다. 어디서든 알아볼 수 있을 것 같다. 먼 훗날 기회가 있어 그를 다시 볼 수 있을지 모른다. 정말 순진하기 짝없다는 핀잔을 듣게 되는, 그에게서 위험한 변화를 인식한다면 슬픈 일이겠지만.

그러나 나는 그 청년의 눈빛을 믿는다. 양말 몇 장 들고 다니는 수치를 견뎌낸 당당한 모습이기를. 그리고 때늦었지만 열심히 공부하는 근면함과 용기를 지닌 아름다운 청년의 모습이기를. 비록 보이지는 않지만 이 마음의 격려가 헛되지 않도록 그는 자기의 자리에서 열심히 살고 있을 것이다. 그러한 모습을 언젠가 직접 볼 수 있는 날이 있으면 정말 다행이겠다.

제2부

첫여름

유월, 녹음이 짙어간다. 첫여름이다.

책 속의 글자 하나에 눈이 머물러 있다. 집중이 또 방해를 받은 시각의 정지다.

(또.)

자꾸 그러기를 반복하고 있었던 모양이다. 조금 전 정신 차려 읽은 부분 쪽으로 책장을 거슬러 넘긴다. 그 부분에서 몇 단락 지나 내용이 생소해진 것을 보니 그동안 생각을 딴 데다 두고 있었던 모양이다. 글을 읽었지만 글자만 본 채 벌써 여러 장을 넘긴 셈이다. 어느 순간 글자 하나에 시선을 둔 채 무슨 생각에 골몰했을까.

생각에 파묻혀 있었지만 무슨 생각을 했는지 전혀 기억나지 않는다. 그 시간의 공백을 깨닫는 것도 더딘 것이라, 결국 책읽기를 그만두기로 한다. 책갈피도 끼우지 않고 책을 덮고 일어서서 창가로 간다. 창 밖의 남쪽 하늘빛이 어둡다.

(바람이 있었구나.)

금방 비라도 몰고 올 듯 제법 거센 바람이 불고 있었음을 비로소 깨닫는다. 멀리 담을 둘러 서 있는 플라타너스 나뭇가지들이 춤추듯 흔들린다. 바람에 뒤집힌 잎사귀의 등이 하얗다. 두 가지로 흔들리는 푸른 유사색의 조화다.

잎들의 몸부림을 바라며 한숨을 쉰다. 유월이며 첫여름이라는 이유 하나만으로 내 가슴은 이렇게 아픔의 물결을 타고 있다. 깊고 무거운 결별이 새삼스럽기 때문이다. 사랑하는 사람과의 영원한 헤어짐처럼 아픈 것이 또 있겠는가.

그 결별의 뒷자리, 남겨진 사람들에게 계절의 아름다움은 때로 상처가 된다. 철마다 변화하는 자연의 아름다움은 생명의 확인인데, 그 생명의 아름다움을 함께 누려 나누어 가질 수 없다는 것은 얼마나 가슴 아픈 일인가.

들녘 보리걷이가 끝난 뒤 보릿대 태우는 연기가 마치 진혼의 향불 사르는 듯 내 마음을 헤집어 놓았다. 곳곳에 핀 하얀 찔레꽃이 조화처럼 보이기도 했던 것은 이 계절의 아름다움이 내게 준 상처인지도 모른다. 그것은 또한 조금 전까지 내 의식을 지배했던 정체의 원인이기도 했다.

이 유월을 나는
찔레꽃은 조화弔花로 삼고
바람은 조기弔旗로 달아

새소리 만가輓歌로 들으며

가슴 죄 풀어 젖히고 살라네.

그렇게 엽서 한 장 써 놓고도 며칠이 지나도록 부치지 않았다. 모든 행위를 정체시키고 가만히, 정말 가만히 풍경을 응시하는 기분으로만 몇 날을 보냈다.

그러면서도 육자배기와 흥타령 가락에 취해 있었다. 아름답고 슬픈 이 계절의 얼굴에 어울리는 것들이면 거기에 빠져 그대로 침잠해 버리고 싶은 일상을 어쩌면 즐기고 있었는지 모른다.

그 해 유월의 어느 날, 하늘은 온통 잿빛이었다. 작은형의 무덤에서 맴돌다 북쪽으로 날아가던 흰나비. 마치 죽은 자의 영혼처럼 처연한 날갯짓이었다.

그때의 나비가 떠난 자의 영혼이었음을 나는 지금도 의심치 않는다. 해마다 유월이면 뇌리에 살아 움직이는 흰나비의 날갯짓, 느린 흥타령 가락. 그리고 그 기억으로부터 시작된 방황 속에서도 남겨진 자의 몫에 충실할 수밖에 없는 나의 모습을 본다. 이렇게 가만히 있는 동안 침전된 것은 우수의 찌꺼기만은 아니다. 내일을 위한 새로운 삶의 의지가 충전되는 몸부림이기도 하다.

비가 오기 시작했다. 바람의 흔적 따라 물결처럼 움직이는 비의 행렬이 보인다. 쏟아지는 빗발에 먼 산 그림자도 숨었다. 이따금 얼굴을 스치는 비바람의 감촉이 아프다. 달콤하게 서러운 첫여름이다.

아침에

이른 아침이면 통근버스를 타는 곳까지 걸어야 하는 길이 있다. 평소처럼 빠르지 않게 걸어도 겨우 10여 분, 짧은 시간이지만 그 골목길을 걷는 동안 나는 많은 것을 볼 수 있는 마음의 풍요를 누린다. 시멘트 담을 타고 박박 기어오르는 담쟁이넝쿨, 서쪽의 햇볕을 막기 위해 차양처럼 가꾸어 놓은 등나무, 등불처럼 매달려 있는 능소화, 싱싱하게 반짝이는 감나무 잎과 포도넝쿨 등, 담 밖으로 고개를 내미는 수목들이 집집마다 다른 얼굴로 나를 반긴다.

골목이 끝나면 나타나는 잡초 어우러진 밭뙈기에 여뀌와, 연한 남색 꽃마리가 봄내 눈길을 끌기도 했다. 요즘엔 그 풀밭 가운데 누군가 호박을 심고 북도 주었는지 검푸른 넝쿨들이 팔들을 있는 대로 뻗고 있다. 그 둘레에 조심스레 핀 것은 분홍색 메꽃이다. 화사하지 않고 소박한 꽃이기에 잠깐이나마 걸음을 멈추고 들여다보기도 한다. 그러나 사람의 손길 비어 있는 자리마다 무리로 핀 개망초가 마음을 쓸쓸하게 한다. 한국전쟁 때 미군의 장비에서 묻어 와 온 나라 천지를 뒤덮었으니 귀화 식물의 번식력이 왕성하다 못해 키 크고 속없으며 뻔뻔해 보인다.

월드컵 경기가 끝났다. 한동안 온 나라 사람들의 힘과 정열을 결집시켰던 잔치도 이젠 막을 내렸다. 오로지 승리를 위해 한군데 모았던 염원의 힘을 어디로 보내야 할지, 너나없이 함께했던 잔치의 뒤끝이 허탈하다.

이제 재미있는 일도 없다는 정신적 공황에 빠져 우울해진다. 그러나 돌아보면 우리에게는 살아야 할 의무가 분명하게 놓여 있다. 모두가 열광하고 환호하는 사이에도 어떤 사람은 호박구덩이에 북을 주었고, 어떤 사람은 모기에 물리기도 했으며, 어떤 사람은 유명을 달리하기도 했다.

인생이란 열정으로 불태워진, 커다란 뒤죽박죽 덩어리라는 말이 있다. 꽃의 아름다움도, 풀잎이 흔들리는 의미도 사람이 열정을 지니지 않으면 보이지 않는다. 월드컵 경기의 열정은 잊지 말자. 열정은 지속돼야 한다. 다만 또 다른 삶의 의미에 방향타를 둔 열정을 찾아야 한다. 그 열정 중 작으나마 아름다움을 볼 줄 아는 마음의 눈만 떠도 된다.

바람이 눈에 보인다. 이 아침이 상쾌하다.

내가 써본 시

6월, 서울 나들이였다. '재경향우회 체육대회' 팸플릿에 내가 쓴 졸작의 시 한 편이 실려 있었다. 고향 시 낭독이라는 식순에 따라 영광스럽게도 그 시를 직접 읽는 기회가 주어졌다. 그 많은 사람들 모두 남도 고향 쪽을 향하여 서 있는데 큰 소리로 큰 소리로 그 시를 읽었다.

내 고향 어머니

내 고향 안산案山에 어머니
늘 나 바라보시고
– 아먼 그렇채, 아먼 그렇채

바람 가면 오동꽃
따라 지는데

한숨 놓으니 가던 세월
자리에 선다

상추 잎 시든 소쿠리에 서린 설움도
해 저물어 돌아오는
그리움인데

보릿가실 저 들녘에 흰 연기는
어머니 옷고름이지
아른아른 눈물이지

나도 성도 누님도 아줌씨도
모두 다 꿈처럼 살아가지만
안산 어머니 내게 언제나 '내 강아지'

아아, 우리 어머니 저 먼 곳에서
– 외롭기는 야야, 감추어 두신 말씀에
그리워 서러운 가슴, 내 고향 어머니

동생이 왔다기 뒤늦게 달려 나온 서울 사는 작은누나가 이 시를 읽고 나선 울었다. 눈이 벌겋게 한참을 울었다. 서울 여의도 국회의사당 운동장에서 열린, 향우 체육대회 잔칫날 나는, 세상을 잊은 듯이 술만 마셨다.

바닷가에서

바닷가에 고향을 둔 친구가 부러웠다. 이따금 그가 고향에 다녀올 때마다 나는 시선조차 흔들려 버릇처럼 묻는 말이 있었다.

"바다는, 바다는 늘 푸르지?"

바다와는 너무나 동떨어진 뭍 가운데 살았던 사람의 막연한 동경만은 아니었다. 평소 바다는 어머니의 가슴처럼 푸른 쪽빛의 한을 지니고 있는지 모른다는 생각을 해왔다. 한의 빛을 나는 쪽빛으로 알고 있었다. 평소 바다 곁에 서면 위로받을 수 있었던 이유는 무엇이었던가. 포근한 어머니의 가슴 같은 속삭임으로 다가오는 서늘한 서러움, 바다는 그 서러운 이름만으로도 가보고 싶은 곳이었다.

어느 해 친구의 귀향에 무턱대고 내가 따라나섰다.

"나 바다 구경시켜다오. 너 따라갈 거야."

마치 바다 구경 한 번 못한 사람처럼 들뜬 나를 그는 두말없이 안내해 주기로 했다.

남녘으로 가는 차 안에서 친구는 내내 잠만 잤다. 나는 창 밖은 바라보고 있었고 초여름 생소한 풍경은 내 곁을 물처럼 흘러 지나갔다. 어느 마을 마늘밭 건너 꽃상여도 스쳐 갔고 만장輓章도 멀어져 갔다. 아른거리는 지평을 지나 이윽고 바다 한쪽 수평선이 보이는 순간 눈물이 솟았다. 아무 곡절 없는데 나를 기다려 준 것 같은 바다가 거기 있었다는 반가움, 그것은 또한 묘한 서러움이기도 했다.

"바닷가로 가자."

친구의 집에 도착하자마자 나는 성화였다. 그의 집에서 바다로 나가는 꼬부라진 길 어귀에 해당화가 피어 있었다. 꽃잎은 진홍빛이었지만 멀리 보이는 바닷물은 쪽빛이었다. 쪽빛 바다, 서늘한 빛의 서러움을 지닌 채 바다는 그렇게 누워 있었다.

그때 나는 사랑을 앓고 있었다. 청춘의 방황이었다. 슬픈 사랑, 금지된 사랑이며 아무도 모르게 감추어진 사랑에 지쳐 있었다. 감당하기 힘든 정신의 방황은 곧 상처가 되어 나를 괴롭히고 있었다. 그 상처를 지우기 위한 안간힘으로 바다를 생각했다. 마침 바다를 고향으로 둔 친구를 따라나선 것은 곧 현실도피였던 것이다.

드디어 바다 곁으로 왔다는 생각이 들었다. 내 곁에 친구가 서 있었지만 내가 지닌 마음의 혼란은 전혀 눈치채지 못하고 있었다. 그저 철없는, 바다의 동경에 빠진 사람이라는 인식 정도였다.

모래 위에 사랑이라는 글자를 써놓으면 파도는 스르르 밀려와 그것을 지워 버렸다. 유행가 가사 같은 흉내였다. 그러나 물결은 내 행위를 그냥 두지 않았다. 그러지 마라, 그러지 마라… 다독다독 나를 달래듯 그 사랑을 지워 주고 있었다.

그 바다의 위로였다. 아무도 건드리지 않았지만 혼자 안았던 푸른 빛 상처를, 청춘의 깊고 어두운 방황을 그윽한 손짓으로 쓰다듬고 어루만져 주고 있었다.

파도가 밀려와 바위에 부딪혀 부서져 내렸다. 물보라가 피었다. 내 마음처럼 바다도 함께 울어주고 있었다. 나도 함께 바다가 되어 쪽빛으로 젖어가고 있었다.

당신은 바닷물 되고
나는 하늘 바람 되어
구름 피어
가슴으로 돌아오는
하얀
물방울 되었다가

당신은 하늘의 바람이 되고
나는 바닷물이 되어
돌이나 빛고 부서져서
구슬 되어 울먹이는
쪽빛
슬픔도 되었다가

그 사랑에 대한 이별을 나는 다짐했다. 바닷물이 되고, 바람이 되고, 구름이 되고, 물방울이 되자. 끝없는 윤회의 쪽빛 슬픔이 되자.

그렇게 그 바다를 다녀온 후 나는 몸살을 앓았다. 혼란의 일탈 뒤에 오는 심한 육체적 탈진이었지만 마음만은 후련했다. 이따금 파도 소리가 들렸다. 그래, 그래야지. 바다는 그렇게 속삭이고 있었다. 그 끝없는 속삭임을 바다는 지금도 되풀이하고 있다. 바다 곁에 설 때마다 그 눈물 한 방울 더해준 나를 기억하는 낮은 소리였다.

작약꽃, 그리고 파란 이별의 글씨

친구가 하얀 꽃 한 송이를 들고 있다. 비가 오는 날, 극장 앞 어느 가게 처마 밑이었다. 방황하던 청춘, 하릴없이 거리를 서성이던 시절이었다. 꽃은 시들어 있었다.

"무슨 꽃이야?"

"작약꽃. 여자친구가 줬어."

친구가 웃었다. 그런데 묘하게 웃음 끝이 흐려지고 있었다. 그 흐려진 웃음 뒤에 그의 눈이 천천히 젖기 시작했다. 허공으로 시선을 옮긴 친구는 노래를 흥얼거리고 있었다. 눈물이 날까 입술을 깨물면서…… 〈파란 이별의 글씨〉라는 노래였다.

"여자친구가 편지를 보냈어. 떠나겠다고……."

노래를 하다 말고 친구가 중얼거렸다. 그가 평소에 염려해왔던 여자친구와의 결별이 노랫말을 흉내낸 듯 현실이 되었음을 알 수 있었다. 헤어지자고 보낸 편지 위에 꽃 한 송이 얹었을까. 친구는 이미 시든어 버린 꽃가지를 버리지 않고 있었다. 그 집착을 안타까워하며 바라본 그의 얼굴 위에 낙숫물 하나 똑 떨어지고 있었다.

그러나 첫사랑이 그렇게 쉽게 잊히는 것이 아니었던지 이후 친구는 떠나버린 그녀에게 보내지도 않을 편지를 쓰기 시작했다. 나도 알고 있는, 까무잡잡하고 통통한 얼굴의 그녀에겐 전혀 어울리지 않게 '로즈'라는 이름을 앞에 두고 쓰는 편지였다. 그의 집에 놀러 갈 때마다 대학노트에 써 오던 편지를 내게 보여주기도 했지만 어느 날 그는 그것도 찢어 없애버렸다. 애인이라는 말조차 쑥스러워 여자친구 아니면 로즈라 부르며 순수함을 지켜온 그는 첫사랑의 열병을 그렇게 앓았다. 그랬던 그의 방황은 얼마 후 평온을 되찾은 듯했지만 가끔 허공에 눈길을 둔 채 〈파란 이별의 글씨〉 그 노래를 흥얼거리곤 했다.

눈물이 날까 입술을 깨물면서
'안녕' 이라고 마지막 잡은 손목
하고 싶은 말 한 마디 하지도 못하고
다시는 못 올 길을 당신이 간 뒤에
구겨진 종이 조각에서 흐느끼는
파란 이별의 글씨

성태미의 노래였다. 그는 2절의 가사가 더 좋다고 했다.

눈물이 날까 고개를 숙이면서
'안녕' 이라고 조용히 잡은 손목
처음부터 이런 날을 생각을 했지만
쓸쓸히 돌아서는 마음 괴로워서
찢어진 종이 조각에서 사무치는
파란 이별의 글씨

각자의 다른 길을 걸었던 우리들도 어른이 되었고 쉽게 만날 수 없는 세월을 보냈다. 그런 사이 남과 별 접촉 없이 서울에서 근면하게 살고 있다는 그 친구의 소식은 간간이 듣는 편이었다. 어쩌다 예고 없이 만날 기회가 있을 때라야 서로의 가슴에 남아 있는 우정을 확인하곤 했을 뿐이었다.

십수 년이 흘러 우연히 고향의 어느 상가喪家에서 그 친구를 만날 수 있었다. 가족은 서울에 두고 혼자만 고향으로 내려와 사업 중이라는 그는 어쩐지 어깨가 처진 모습이었다. 자세하게 물을 겨를도 없이 앞으로 자주 볼 수 있다는 기대를 핑계삼아 그날 우리는 헤어졌다.

그가 교통사고로 죽었다는 비보를 듣게 된 것은 그로부터 얼마 후였다. 장례를 치른 지도 달포가 지났다는 말이 더 어이없었지만 그때 내 머릿속에 순간적으로 스쳐갔던 것은 작약꽃을 들고 슬프게 웃던 옛날의 그 모습이었다.

동정을 바친 첫 순정을 잊지 못해 눈물짓던 그 모습을 생생하게 기억하고 있는 나로서는 그의 죽음이 너무 충격이었다. 그가 무슨 생각을 지닌 채 이 세상을 살아왔는지 짐작조차 할 수 없는 세월이 원망스럽기만 했다. 한 번쯤 만나 그동안 살아왔던 이야기라도 나눌 수 있었으면 좋았을 것을. 그러나 그의 죽음을 전해준 다른 친구의 말에 나는 아예 할말을 잃고 말았다.

"나는 알아. 그 자식 광주 갔다 돌아오던 날 밤에 일부러 승용차로 들이받았어. 담양의 그 단단한 가로수를 말야."

순간의 돌진으로 모든 것을 잊고자 했을 절박한 이유는 알 수 없었지만 그가 그렇게 이승을 떠나버린 무렵은 작약꽃이 한창 피는 계절이었다.

그와 작약꽃은 무슨 관계가 있는 것일까. 우연이겠지만 그의 삶에 이별을 짐작하게 해주는 암시처럼 해마다 꽃은 피고 진 것은 아니었을까. 어쩌면 마지막까지 장식해야 하는 운명의 일부분이었을지도 모르는 그와 작약꽃. 그는 생전에 어떤 생각을 머금고 그 꽃을 바라봤으며 언제 어느 때 그 노래를 불렀을까. 더불어 그동안 한 번도 떠올려본 적 없는 작약꽃의 꽃말이 나는 지금 너무 궁금하기만 하다.

바다는 말없이

깊은 섬에 와서 출항 금지로 발 묶여 있다. 바다는 온종일 젖어 내게 충동질이다. '못났다.' 고 외치는 내 안의 소리가 들린다. 저 바다는 사람들 한숨에 물들어 쪽빛일 것이다. 나의 한숨도 물빛으로 풀렸을 여기에서 울지는 않겠다. 적어도 지금만큼은.

한낱 부질없는 사랑, 그렇게 자꾸 뇌이기도 한다. 오기에 가까운 인내가 지금 이렇게 나를 지탱해주고 있지만 언제 또 무너질지 모른다. 내 자리는 늘 그렇게 비어 있다는 것, 그걸 알고 있으므로.

1990년 7월 25일

그에게 보낸 편지였다. 섬에서 만난 태풍 때문에 여관에서 이틀을 더 묵은 그해 여름이었다. 마침 지니고 간 책 두 권을 꼼꼼히 읽었고, 그 사이 틈틈이 편지를 쓰는 일만이 비바람 부는 섬에서 할 일이었다. 부두 앞에 있는 우체통에 편지를 넣은 뒤 힐끗 바다 한 번 바라보고 여관으로 돌아오기 서너 번이었다. 사람보다 늦게 갈 줄 뻔히 알면서도 뭍에 사는 사람들에게 보낸 편지 중 하나였다.

그 무렵 끈질기게 괴롭히던 숨겨진 고통이 있었다. 한계를 지닌 사랑의 갈등을 그나마 뱅뱅 돌려 그에게 지껄였던 말이었다. 그만이 내 마음을 이해해 줄 것 같아서였지만 종잡을 수 없는 현실의 푸념을 그렇게 쏟아내고 있었다.

운명이란 그런 것인지. 수년이 흐른 뒤 그는 바다에 한을 묻은 채 목숨을 마쳤다. 갑작스런 그 졸거의 충격에서 헤어나기도 전에 나는 길을 떠나야 했다. 아직 이승에 남은 그의 육신이 제를 마치기도 전이었다. 떠나야 할 길은 미리 예정되어 있었지만 결과적으로 산 자와 죽은 자의 엇갈린 여행길이었다.

(가긴 어딜 가.)

남아 있는 자의 넋두리가 오기가 되어 떠날 여행을 나는 거부하고 있었다. 그러나 무엇에 홀린 듯 이튿날 나는 버스에 몸을 싣고 있었다. 그가 등 떠밀어 가라는 듯했던 것은 착각이었겠지만 영원한 이별임이 분명했다. 그렇게 내가 떠나야 했던 곳이 그 옛날 발 묶여 머물렀던 그 섬이었기 때문인지도 몰랐다.

그 깊은 섬 부둣가에 앉아 아무도 모르게 나는 울었다. 수년 전 그에게 보냈던 편지, 그때 지껄였던 말이 너무나 생생하게 가슴을 파고 있었다. 정말 한숨에 물들어 바다는 쪽빛이었던가. 내 한숨뿐인 줄 알았더니 너조차 한을 품어 저 빛으로 출렁이고 있구나. 아무도 모르게 혼자 앉아서 그의 이름을 부르며 나는 울었다. 그에게 울지 않겠다며 다짐하던 곳이었는데 이렇게 다시 찾아와 울어야 하는 곳이 왜 하필 여기였는지 몰랐다.

이제 내 마음을 알았느냐, 이제 알 것 같으냐는 절규는 가슴에 묻어둔 채 먼 곳에서 그의 초우제初虞祭를 보냈다. 그러면서 내 빈자리가 슬퍼 울었고, 그의 짧은 생애가 가슴 아파 울었다.

또 세월이 흘렀다. 그의 한이 서린 자리에 흰 꽃 한 송이 던져주지 못했는데 세월은 참 잘도 흘러갔다. 전생에서 어떤 연고 있었을 것이라고 믿어왔던 바다에 대한 열망도 이젠 식어버렸다. 변함없이 그대로 출렁이고 있음을 야속하게 생각지도 않았다. 한때 다시는 찾지 않으리, 다짐도 했었지만 그것만은 쉬운 일이 아니었다.

그러나 지난날 그의 삶을 그대로 거두어갔음이 숙명이었음을 알리려는 듯, 바다는 등진 나를 자꾸 돌이켜 세운다. 못 이기는 척 돌아서서 바닷가에 이르면 수평선을 바라보기만 한다. 망연히. 아무 생각 없이 그저 망연히.

어찌 수심마저 지웠을까만 그것은 누구의 탓도 아니다. 모든 것을 지워버린 듯, 차라리 저항처럼 그 쪽빛을 본다. 바다는 예전처럼 말없이 그렇게 누워 있을 뿐이다.

만물상에서

금강산에 섰다. 금강산 산길을 간다. 산 빛도, 산 기온도 온통 침묵처럼 가라앉아 있다. 드디어 금강산에 내가 섰구나. 만감이 교차하지만 어찌 유람객의 한가한 가슴으로 금강산을 볼 수 있으랴. 두렵고 민망한 가슴으로 조심조심, 마음을 가다듬으며 나는 걷는다.

산에 대한 외경심畏敬心이 인위적 규칙 때문에 생긴 긴장감을 오히려 가라앉게 한다. 그 공경에 의지한 우리들의 마음을 지금 이 산이, 금강산이 말없이 웃으며 내려다보고 있는 것 같다.

만상정 주변의 나무 그늘이 어둡다. 너무 푸르기 때문이다. 그러나 검푸른 그 빛은 무겁지 않다. 하늘은 우리들의 보행을 위해 구름으로 햇볕도 가려준 듯하다.

한하계곡에 오르는 경사가 급하다. 물길도 말라버린 협곡이 우리에게 경계심을 가져라 일러준다. 갖가지 전설로 붙여진 삼선암, 절부암, 장군봉 이름들은 그에 걸맞다 치자. 유명무명 천태만상의 봉

우리들이 발길을 붙잡고 묻는다.

"내가 무엇이냐?"

감히 그 대답을 나는 할 수가 없다. 곰이 되었다가 사자가 되었다가 독수리, 거북이가 되는 형용의 변화가 시시각각이다. 더불어 봉우리들은 더 물어온다.

"너는 무엇이냐?"

봉우리 뒤의 하늘엔 구름이 끼어 있다. 절묘한 배경이다. 구름 벗기어 푸른 하늘이어도 절묘하긴 마찬가지리라. 저 공간처럼 나도 바람이 되고 구름이 되어 산의 일부분이 되기로 마음먹는다. 더불어 돌 하나 풀 한 포기, 모든 것이 우리의 숨결이다. 감히 말할 수 있다면 이 금강산은 우리의 가슴과 같은 것이다. 나는 지금 이 금강산의 일부분이며 하나인 것이다.

어찌 보이는 모든 풍경이 경이라 할 것이냐. 우리 아버지가 다녀가셨고, 우리 할아버지가 밟아 가신 길을 내가 다시 걸으며 바라보는 모든 것은 당연한 역사의 발길이라 하자.

땀이 흐른다. 바람이라도 있는 것일까. 자리에 주저앉으니 산비탈로 불어오는 바람결이 부드럽다. 그 바람은 가슴을 스치고 지나간다. 절리를 이룬 산세의 기기묘묘함에 탄성은 접어두기로 한다. 나는 천천히 주변 사람들과의 동행을 잊어간다. 산에 안기는 것은 산과의 호흡이다. 산의 기상을 헤아려 관측하지 말고 그 품에 안겨라. 산의 품에 안겨라. 산이 내뿜는 정기를 가슴으로 들이마시며 옛 자취의 온기를 찾아야 한다. 나는 자꾸 나 자신에게 타이르고 있었다.

나는 안다. 아버지의 시선이 머물렀던 곳에 내 시선도 닿아 분명히 하나인 것을. 할아버지의 가슴을 누비던 경탄의 물결이 내 안에도 살아 있음을. 앞에서 가신 분들의 발길이 닿았고 내가 다시 그 자리를 밟으며, 거듭하는 찬미의 넋두리는 오히려 부끄러운 것임을 안다.

빗방울 한 둘 머리 위에 떨어지다가 이내 그친다. 만물상을 구름이 가리고 있다. 볼 수 없음을 사람들은 탄식하고 있다. 그러나 나는 나 자신에게 여전히 타이른다. 아무 말 마라. 아무 말하지 마라.

구름에 가려 먼 산을 바라보지 못한다는 푸념은 속된 사람의 시선일 뿐이다. 산은 구름 있어 제 모습을 가꾸고, 아름다움을 지닐 수 있는 피와 살 같은 것이 아니냐.

저 봉우리들을 어루만지며 구름이 흐르고 비와 안개가 적시고 바람이 에어내며 수천 수만 년이 흘렀다. 풍운과 어우러져 어찌 한 가지 얼굴로만 있었으랴. 금강산에 핀 구름은 금강산의 기운이며 금강산 바람은 금강산 숨결 그 자체이다. 아무 말 마라. 만 가지 모양새를 다 볼라 마라.

그런데 웬일인가. 안개인 듯 산봉우리를 덮던 구름이 순식간에 몰려간다. 몇 초였을까. 살짝 비친 만물상의 위용을 본 것이다. 그러나 마치 착각처럼 그 시간은 짧았다. 변화무쌍이다. 마음을 비우면 그 빈자리를 채우느니라. 나는 심호흡을 한다. 참지 말아야지. 그 감격으로 내 눈에 맺힌 이슬은 그대로 안개가 된다. 온 산이 그 안개로 뒤덮인다.

이젠 야속하다. 근래에 찢기고 얼룩진 민족의 비극도, 오로지 통일이라는 지금의 염원을 알고 있으면서도 모르는 척 저리 담담히 구름 뒤로 숨는, 그 위용이 야속하고 섭섭하다.

망향대에서 내려오는 가파른 철 계단 밑에 작은 풀꽃이 피어 있었다. 문득 가슴을 치는 작은 것의 아름다움에 나는 걸음을 멈추고 사진기를 들이댔다. 이름 모를 꽃이다. 이 산맥의 허리를 이어 남쪽 산에도 어찌 피지 않았으랴만 자줏빛 하늘거리는 자태가 문득 슬퍼 보인다. 작은 풀꽃이나마 통일의 염원을 담아 모두의 가슴에 심었으면 좋겠다. 언젠가 금강산에서 본 꽃이라는 덧붙임 없이, 온 나라 산마다 지천으로 피는 날이 있었으면 정말 좋겠다.

무릎이 시큰거린다. 그러나 나는 좋다. 이 통증의 무게가 어찌 우리 모두의 염원에 미칠 것이냐. 나는 무릎이 아니라 온몸이 아파도 좋다. 이미 이 금강산이 내 몸을 안아준 그 이유 하나만으로 몸살 대살, 몇 날 며칠을 앓아도 좋다.

옥류동에서

옥류동 계곡을 끼고 오르는 작은 길은 이른 새벽 비질한 마당처럼 정갈하다. 그 정갈함에 빨려 하나가 된 듯, 물소리조차 차라리 적막하다. 그 정갈한 적막을 깨며 잰걸음으로 나는 걷는다.

핏줄처럼 흐르는 산의 물줄기가 곳곳에 벽담을 이루어 가슴을 서늘케 한다. 사람의 피가 붉다면 산의 피는 저런 빛일까. 사람은 피를 감추며 사는데 산은 푸른 피를 드러내어 저렇게 투명하게 흐르고 있다.

상팔담 가는 가파른 철 계단을 오르면서 나는 지쳐 있었다. 몇 걸음 가다가 쉬고 가다가 쉬고, 여느 산을 오르는 원래의 자세를 잃어버린 것이다. 다리가 아파 쉬기보다는, 내 가슴에 숨은 아픈 것을 들키지 않기 위해 혼자 앉아 있었다. 누군가 가까이 오는가 싶으면 쫓기는 듯 기어올라 혼자 자리를 잡아 주저앉았다. 워낙 가파른 산길이라 내가 이웃과 유지하는 거리의 간격이 좁혀지지 않아 다행이었다.

건넌 산 바위벽의 상처를 본다. 수만 년 풍상도 견디어 왔건만 사람들의 손에 의해 패이고 후벼진 얼굴을 하고 있다. 그 얼굴을 헤치는 손길 차마 떨치지 못했던 산의 앓는 소리가 들리는 것 같다.

산은 관대하면서도 추호도 용서하지 않는 기개가 있다. 그래야지. 산은 절대 우리를 용서하지 말아야 한다. 우리들의 오만한 정신을. 우리들의 혼란한 사고를 용서하지 말아야 한다.

구름이 걷힌 하늘 아래 선연히 드러난 산세는 처절하게 아름답다. 이 산의 관대함, 이 산의 의연함, 이 산이 침묵하는 그 위용이 슬프다. 아아, 아름다움은 이렇게 슬픈 것이로구나.

상팔담이 내려다보이는 등성이에 올라선다. 새소리 들리지 않는 것은 금강산의 생태계 때문이라지만 다람쥐는 사람을 무서워하지 않고 발아래서 오비작거리고 있다. 사람들은 금단의 벽을 두었지만 작은 포유동물은 이렇게 천진하기만 하다.

이 산의 심장인 듯 상팔담 푸른 피가 내려다보인다. 신이 있어 우리들에게 이 산의 가슴을 바라볼 수 있도록 특별히 배려라도 한 것일까. 그 신비스런 아름다움에 할말을 나는 잃었다. 높은 곳에 서서 내려다본다는 것이 오히려 부끄럽고 민망할 따름이다.

장가 안 간 이웃집 총각 같은 북쪽 사람이 순박한 얼굴로 서 있다.

"남쪽에도 산이 있소. 처녀처럼 성깔 있는 설악산이 있고, 어머니처럼 넉넉한 가슴의 지리산이 있고, 할머니같이 편안한 한라산이 있지. 내가 이렇게 땀을 흘리며 이 금강산을 찾았듯이 언젠가 당신들도 남쪽이 이 산 저 산 딴 흔리며 오른 수 있는 난이 있기를 빕니다."

"고맙습네다. 거저 고맙습네다."

어쩐지 목 매인 하소연 같은 내 말에 그가 대답했다.

상팔담을 내려와 걷다 보니 구룡폭포가 눈에 들어온다. 상팔담에서 흘러온 물줄기의 장쾌한 낙하가 구룡연 주변에 물안개를 피워놓는다. 그 장관을 더 일러 무엇하리. 뭇 사람들의 탄식에 나는 지쳐버린 지 이미 오래다. 뒤틀린 세파를 두 눈으로 보기 싫다고 스스로 한쪽 눈을 찔렀던 조선시대 화가 최북崔北, 오죽하면 천하의 명인은 명산에서 죽어야 한다고 이 못에 몸을 던졌을까. 그 이름 북北을 파자破字하니 칠칠七七이다. 온 세상을 칠칠찮다 냉소했던 남은 한쪽 눈이 그래도 금강산 구룡폭포의 절경을 바로 보기에는 힘이 부쳤던 모양이다.

구룡각에서 바라보니 구룡연 오른쪽 바위벽에 해강 김규진의 미륵불彌勒佛이란 글씨가 크게 새겨져 있다. 불佛자의 꼬리가 못 깊이와 똑같다고 했다. 가야산 해인사, 순천 송광사, 속리산 법주사, 촉석루 등에서 그의 글씨를 본 적이 있다. 기개 넘치는 그의 글씨를 여기 금강산에서도 보게 되다니. 분단의 현실에 서서 바라보는 그 감회가 문득 쓸쓸해진다. 바위 곳곳에 새긴 옛사람들의 이름들이 폭포수와 물안개에 씻겨 희미해져간다. 하기야 흔적은 그렇게 씻겨가며 세월의 무상을 일러주기도 하건만. 이 산 바위벽마다 상처로 가득한 저 구호들은 언제 씻기고 지워져 이끼가 낄 것인가.

돌아서는 발길이 천근만근 무겁다. 어찌 산길 걷기에 진력했던 탓이라 하겠는가. 가슴엔 증표를 차고, 남의 집에 온 듯 이렇게 쫓기듯 돌아가야 하는 현실만 아니라면 그대로 몸을 뉘여 울음 섞인 소리라도 지르고 싶은 충동을 억누를 뿐이다.

황혼의 엘레지

옛 노래 〈황혼의 엘레지〉가 흐르고 있다. 지금처럼 신록 수려한 봄날, 저물 무렵의 기억을 한 조각 끈으로 묶었던 노래다. 그 기억이 추억으로 쌓여 어느새 40여 년 세월이 흘렀다. 추억은 돌아갈 수 없어 그리운 과거가 되었지만 이 노래는 아직도 가슴에 남아 나의 '비가悲歌' 가 되었다.

마로니에 나뭇잎에 잔별이 지면
정열에 불이 타던 첫사랑의 시절
영원한 사랑 맹세하던 밤. 아,
흘러간 꿈 황혼의 엘레지

땅거미가 지니 거리에 한 둘 밝혀지던 불빛, 막 돋은 나무의 연초록 잎사귀들도 밤바람에 속삭이는 소리를 냈다. 그 바람엔 달콤한 꽃향기가 섞여 있었다. 화장비누냄새와 같다고 했던 봄밤의 향기였다.

점점 어둠이 내리고 하늘엔 별들이 보이기 시작했다. 남청藍靑으로 무거운 하늘빛이었다. 그 빛을 닮아 이유도 없이 서러웠던 것은 청춘의 무게였다.

"너는 내게서 떠나 버렸지만."

"……."

"이제는 보고 싶다고 말하지 않겠다."

"……."

"간밤에, 너는…."

"……."

"너는, 어디로 그렇게 숨어 버렸느냐."

푹, 그의 울음이 터졌다. 그러나 나는 남청빛 밤하늘만 바라보고 있었다. 그는 말했지만 나는 말 한 마디 하지 않았던 우리들의 대화였다.

그리고 이별이었다. 이별은 방황이었고 그 방황 속에서 이 노래를 자주 들을 수 있었던 것은 오히려 행복한 우연이기도 했다.

황혼이 되면 지금도 가슴을 파는
상처의 아픈 마음 다시 새로워
눈물을 먹고 이별하던 밤. 아,
흘러간 꿈 황혼의 엘레지

해마다 신록이 돋아나고 꽃향기 낮게 퍼지는 봄, 황혼이 되기 시작하면 하늘을 바라보는 것이 버릇이 되었다. 그 남청빛 하늘 아래 돌아섰던 마지막 이별을 생각하며 노래를 부르기도 한다. 노랫말 마디마다 내 가슴을 헤집는다.

철없이 어린 내 손을 잡고 눈물을 삼키던 사람, 그는 지금 어디 있을까. 봄밤에 흔들리던 그때의 나처럼 어디에 그는 지금 깊이 숨어 버렸을까.

포플러

무지개의 여신 아이리스가 금으로 만든 항아리를 잃어버렸다. 어떤 노인이 훔쳐다가 지상의 나무숲에 버렸다는 말을 들었지만 찾기가 쉽지 않았다. 지상과 하늘에 걸친 무지개처럼 아이리스의 역할은 천상의 사자使者였지만 항아리를 감춘 범인은 그를 얕잡아본 것이 분명했다.

아이리스가 아무리 뒤져도 항아리를 찾을 수 없게 되자 하는 수 없이 주신主神 제우스에게 하소연을 했다.

"주인님. 제 항아리를 잃어버렸습니다."

"방정을 떨었구나. 어쩌다가 잃어버렸느냐?"

"어떤 영감탱이가 돌라가다가 땅에 떨어뜨렸다고 하옵니다."

"땅에 떨어뜨렸으면 가서 주워라. 그러면 될 것 아니냐?"

헤라와 놀고 있던 제우스가 시큰둥하니 말을 했다.

"이 땅이 아닌 초록별 땅이옵니다."

"초록별? 사람들이 사는 지구 말이냐?"

"네."

"주워서 감춘 놈이 누구 같더냐?"

"아마도 나무들 중에 있는 것 같사옵니다."

"초록별에 사는 사람이란 것들, 지혜를 주고 우리를 닮게 만들어 주었더니 느는 것이 탐욕 아니더냐. 이놈의 나무들도 보고 배운 것이 그런 것뿐이로구나. 괘씸한 것들."

제우스가 곧바로 지상에 선 나무들에게 항아리의 행방을 물었지만 아무도 대답하지 않았다. 약이 단단히 오른 제우스가 곧바로 명을 내렸다.

"지금 당장 모든 나무들은 팔들을 높이 쳐들어라!"

초록별 땅 위에 서 있던 나무들이 있는 팔 없는 팔을 모두 들었다. 가지를 쳐들어 만세를 부른 꼴들이 가관이었다. 그러자 텅하며 나무숲에서 무언가 떨어지는 소리가 들렸다. 저런, 포플러의 나뭇가지에서 아이리스의 항아리가 떨어진 것이다.

"이눔시끼! 이런 싸가지 없는 놈 좀 보소."

제우스가 노기를 띠며 전라도 말로 포플러에게 야단을 쳤다.

"너 혼 좀 나야 쓰겄다. 천상을 속인 죄가 크니 앞으로 영원히 팔을 쳐들고 있거라!"

이후로부터 지금까지 포플러는 가지를 쳐들어야 하는 벌을 서게 되었다. 제우스의 명령이 덧붙여진 것은 또 있었다.

"먼 훗날 미루가 되었건, 이태리뽄뿌라라는 잡종이 되었건 팔만 내렸다간 혼날 줄 알아라!"

중국 북경의 거리에 포플러가 많았다. 중국인들이 유난히 포플러를 좋아하는 것은 가지가 잘 뻗고 쑥쑥 자라는 나무의 기질을 사랑하기 때문이라고 한다. 봄이면 꽃가루에 파묻히면서도 그 고통쯤은 대수롭지 않게 여기는 중국인들. 그래서인지 길가에 잇닿아 서 있는 포플러 아래 표정 없이 앉아 있는 그들 모습이 인상적이었다.

북경의 포플러가 우리나라와도 인연이 있다. 지금 한반도에 번식된 포플러 중 일부는 1800년대 말 러시아 외교관 웨베르가 북경에서 가져와 심은 것이라는 기록을 본 적이 있다.

1976년 판문점에서 일어났던 도끼만행사건의 원인이 되었던 포플러가 그 원종이라고 했다. 북미원산의 나무로 인해 북한군과 미군과의 충돌이 야기된 셈이다. 이래저래 북경에서 포플러를 본 감회가 컸던 것이다.

여러 종으로 변화한 포플러를 정확히 구분하기란 쉽지 않다. 다만 포플러라는 이름 하나로, 가까이는 나뭇잎 흔들리는 소리가 시원하여 좋고 먼발치 서 있는 모습은 한가해 보여 좋다. 기름진 하천 부근에 잘 자라는 나무지만 목질은 별로 단단하지 않은 모양이다. 겨우 가벼운 상자나 성냥개비 만드는 것에 쓰이는 정도다.

한때 포플러를 즐겨 그렸다. 키가 큰 나무를 그리기 위해 화면에 지평선을 낮게 둔 풍경을 주로 선택했다. 물론 하늘의 구름을 주제로 삼아 공간감을 살리다 보니 배경이 포플러가 될 때도 있었다.

도심만 벗어나면 만날 수 있는 나무들 중 포플러가 눈에 들어온다.

가급적이면 들녘에 한두 그루 서 있는 나무이기를 기대하기도 한다. 어쩌다가 몇, 저렇게 논두렁 밭두렁에 서 있게 된 것일까. 그런 풍경을 대할 때마다 관악합주의 선율이 들리는 듯했다. 특히 오보에의 부드러운 음색이 그 풍경의 한가함을 연상시켜주는 듯, 내게 그 풍경의 한가함은 곧 잔잔한 우수이기도 했다.

이른 봄이면 가지에 점점, 새잎 돋는 모양이 마치 쇠라의 점묘화點描畵를 보는 것 같다. 한여름이면 반짝이는 잎사귀들이 바람에 흔들려 내는 소리가 유난하다. 그 소리를 무슨 글자로 써야할까. 요란하지 않고 시원하며 고른 숨결로 속삭이는 소리. 내가 얻어낸 소리시늉말擬聲語은 '사글사글사글'이었다. 이후로 나는 포플러 잎사귀의 소리를 그렇게 적는다. 사글사글사글.

오래전 근무했던 곳에서는 포플러 잎사귀 소리를 늘 가까이 들을 수 있었다. 시간만 나면 책을 읽거나 편지를 쓰기 위해 긴 나무 그림자를 따라 자리를 펴고 앉았다. 귀 기울여 잎사귀의 소리만 듣기도 했다.

이렇게 도심의 자리에 서 있는 지금, 팔 벌린 포플러 보기가 쉽지 않다. 그러나 그 무렵 친구에게 전했던 편지 구절 하나 가슴에 남아 포플러와의 동화를 되새겨주기도 한다.

벌걱지蟲 안 떨어지는 포플러 그늘 아래 앉아 있다. 잎사귀 흔들리는 소리는 위로가 아니다. 이렇게 때아니게 밀려오는 우수를 야야, 어찌하면 좋단 말이냐.
네가 그립구나.

길 떠나며

다 떠나버리고 나 혼자 남았습니다. 비어 있는 자리가 쓸쓸한데 나도 떠날 채비를 한다는 것이 이상했습니다. 나는 떠난다는 생각은 해보지 않고 살았습니다. 모두 다 나를 떠나버렸다는 당치도 않는 별리의식에 싸여 언제나 나는 남아 있는 사람이었습니다. 왜 모두 다 나를 떠난다고 생각했는지 그 원인을 나는 아직도 잘 모릅니다.

만나고 헤어질 때마다 뒤에 남는 허전함은 버려도 좋을 감정의 찌꺼기가 아닙니다. 내 마음을 다른 곳 멀리 보낼 수는 없는 것인가. 내 스스로 자신에 차서 모두를 떠날 수는 없을까. 무엇에 취해서, 아니 무엇에 취하지 못해서 모두가 떠난 뒤 남아서 이렇게 방황해야만 하는가. 그런 생각처럼 어쩌다 혼자 남아 있었던가, 다 떠나버린 텅 빈 자리가 쓸쓸했습니다.

돌아와서는 지친 듯 오후 내내 잠을 잤습니다. 참으로 달콤한 낮

잠이었습니다. 긴 잠에서 깨어 보니 역시 나는 떠난 것은 아니었습니다. 나는 가만히 있는데 모두 다 떠난 것이었습니다.

이후 밤늦게까지 어지러운 내 방 안을 정리했습니다. 조금은 수습된 심정으로 문들을 활짝 열고, 책을 정리하고, 다기를 씻고, 물을 끓이고, 모기향을 피우고, 그리고 상 앞에 앉았습니다.

가을이어야 풀벌레도 우는지 소리 하나 들리지 않는 적막한 여름밤입니다. 그동안 밀린 책 한 줄도 읽지 못했습니다. 꽤 많은 날을 그냥 보내버렸다는 것을 깨닫고 보니 오늘밤을 다 새워도 좋겠다는 생각이 먼저 듭니다.

(이것이 내 자리야.)

다 떠나버리고 없다면 나는 내 자리에 있어야지. 내 자리에서 무언가 할 일을 해야지. 뜨거운 물로 찻잔을 부시며 나는 중얼거렸습니다.

바다에 가야 할 일이 생겼습니다. 내일 모레면 나는 바다를 볼 수 있습니다. 살아오는 동안 내 알량한 사랑은 한이 되었는지 모릅니다. 그렇게 지닌 한처럼 시퍼런 바다, 그 바다를 바라볼 수 있다는 기대는 곧 이 현실의 위안입니다. 나의 자리, 마음속 고향 같기도 한 바다의 품. 알량하기는 해도 사랑하는 사람을 생각하듯 그 바다를 볼 수 있는 것입니다. 바다에 가면 나는 그리운 사람들을 생각할 것입니다. 그 그리움은 서러워도 좋겠습니다. 나는 그립고 서러운 바다에 가는 것입니다.

"잘 다녀오시오."

떠날지 알고 있는 사람으로부터 어제 받은 전화였습니다. 그는 지금 내 집에서 엎어지면 코 닿는 곳에 살지만 남쪽 어디 바다가 바라보이는 마을을 고향으로 둔 사람입니다.

"그런 소리 마. 지금 가니? 가기 전에 너에게 들를 텐데."

미리 하는 인사가 야속해서 속으로 망할 자식, 부자 될 자식하며 나는 전화를 끊었습니다. 내일이면 짐 몇 꾸려놓고, 나는 그의 집에 가서 커피 한 잔 마신 뒤 길을 떠날 작정입니다.

그냥 그대로 그 자리에 있을 바다겠지만 꽤 긴 여행 동안 많은 것을 얻어 가지고 오겠습니다. 더 깊은 서러움이어도 좋고 더 깊은 그리움이어도 좋겠습니다. 언제부터인가 나를 떠나버린 것들을 위하여 나도 떠날 수 있는 나의 자리에 다녀오겠습니다. 모든 것들과 함께하며, 버리는 것보다는 잃는 것 없이 돌아오겠습니다. 그대, 그동안 내 마음 그 자리에 가만히 계십시오.

베개

니 칠자나 내 팔자나 고대광실 높은 집에 화문등욕花紋藤褥
보료 깔고 원앙 금침 잣베개에 활활 벗고 잠자기는 애초에
영 글렀으니 오다가다 석침石枕 단금單衾에 노중상봉 헐까

강원도 정선 아리랑에서의 한 가락 사설이다. 화문자리에 보료 깔고 잣베개를 벤다면야 더 없는 호사이겠으나 오다가다 노중상봉한 연인들의 애절한 사랑의 팔베개나 돌베개만 할 것인가. 독숙공방獨宿空房 베갯잇 적시는 일이나 사랑자리 꿈꾸는 자리나 희비에 관계없이 사람이 누울 때 없어서는 안 되는 것이 바로 베개다.

어느 해 겨울, 시골 친구의 집에 서너 명의 친구들이 나들이를 간 적 있었다. 먼 길 논두렁 밭두렁을 걸어 시골 친구의 집을 찾아간다는 것은 그때만 해도 자연스런 놀이문화의 하나였다. 집 안의 동동주, 동치미 국을 바닥낼 정도로 두터웠던 친구 부모님의 배려에 늦

은 시간이 되어서야 우리들 놀이는 끝났다.

밤 깊은 산골에는 함박눈이 내리고 있었다. 쇠죽을 쑤어 절절 끓는 작은 문간방에는 이불도 필요 없었다. 우리들은 이미 술을 마셨고 방 안은 그 술기운을 한껏 이완시킬 만큼 따뜻했다. 가로세로 대충 쓰러져 잠을 자는데 어디를 갔다 왔는지 친구 하나 늦게 방에 들어왔다.

더러 코를 고는 친구가 있는 것을 보니 모두들 잠에 취한 것은 분명했다. 그러나 나는 잠자리가 바뀐 탓이었는지 쉬 잠들지 못하고 뒤척이고 있었다. 벽 쪽 넓은 자리를 잡아 누운 줄 알았던 친구가 잠깐 두리번거리는 듯하더니 내가 벤 베개를 거리낌 없이 잡아 뺐다. 그것도 살짝, 조심스런 탈취가 아니었다. 쑥 빼낸 베개 때문에 나는 가볍게 방바닥에 머리를 찧었지만 친구는 아랑곳않는 듯했다.

돌발적인 그의 행위에 곧바로 대응할 방법을 나는 찾지 못하고 있었다. 내가 깊은 잠에 들었으려니 했을 그 친구의 마음이었을 것이다. 그의 행동 즉시 내가 깨어 있다는 반응을 보였다면 친구끼리 할 수 있는 장난쯤으로 생각하고 웃고 넘겼을지도 모른다.

베개란 사람의 머리를 받치는 도구이기도 하지만 치고 던지는 가벼운 장난에 이용되기도 한다. 그러나 불과 몇 초의 시간이 지남으로써 그 장난으로 돌릴 수 있는 일은 무산되어 버린 것이다. 오히려 감추어진 어떤 진실을 나 혼자 훔쳐본 것 같아 황당하고도 민망한 기분이 들었다.

그는 내게서 빼내 베개를 베고 금방 숨을 고르며 잠에 빠져들었다. 그러나 베개를 빼앗긴 나는 섭섭하고 불쾌하단 생각 때문에 잠을 이룰 수 없었다. 내가 만만했구나, 그동안 지니고 있었을 우정이니 의리니 하는 의미조차 무색하다는 기분이 들었다. 베개 없이 누워 잠자는 척한다는 것 또한 그 불쾌감 못지않게 불편하기 짝이 없었다. 사람은 베개를 베고 자야 한다는 것을 절실하게 느낀 것이다.

하긴 남녀를 불문하고 간난아기에서부터 팔순 노인에 이르기까지, 왕후장상도, 거지도 베개 없이 누울 수는 없는가 보다. 그때 그 방에 베개라도 많았더라면 그런 사건이 일어나지도 않았을 터이고 친구의 마음을 훔쳐보지도 않았을 것이다. 아무튼 섭섭하고 무례했던 친구의 면목이 두고두고 마음 편하지 않았다.

오랜만에 옛 친구들이 모였다. 구천동 계곡 민박집에서 눈을 뜨니 나무 아래 평상이었다. 초저녁부터 마신 술이 그 자리에 있었던 사람들을 그냥 쓰러져 잠자게 했던 모양이었다. 나뭇잎 실루엣 사이로 별이 보였다.

뜻밖에도 내가 돌베개를 하고 있었다. 차가운 돌을 베면 입이 비틀어질 수도 있다는 것은 알았는지 마른 수건에 돌돌 감싼 채였다. 어렴풋이 간밤에 평평한 돌을 찾아 헤맨 생각이 떠올랐다.

함께 술 마셨던 친구 하나가 없었다. 날이 밝자 자기 차 안에서 자고 나오는 그를 보고 나는 피식 웃었다. 그 옛날 내 베개를 빼간 친구였던 것이다. 저 놈의 자식이 이번에 내 석침 빼기는 힘들었나 보다. 아니면 철이 들었든지.

아마도 그 친구는 그 일을 말짱하게 잊었을 것이다. 그러나 그때의 일을 회상할 때면 나는 여전히 그 친구가 괘씸하기만 하다.

모기

2박 3일 계곡나들이를 하는 동안 모기의 등쌀에 이만저만 고생을 한 게 아니었다. 상처의 흔적을 보니 무려 열대여섯 군데. 깊은 산골에 자리잡은 곳이라 시간이 나면 나무 아래에서 책이나 읽고 있으면 좋겠다는 한가한 기대가 무참히 무너진 것이다.

모기는 밝은 대낮이면 어두운 곳에 숨어 있는 습성이 있는데도, 웬일인지 저지대의 습한 곳에서 노는 검정모기 떼가 낮에 더 극성을 부렸다. 그 비행도 어찌나 빠른지 잠깐 한눈을 파는 사이면 영락없이 쏘아댔다. 준비해간 분무용 살충제도 별로 소용이 없었다.

나는 모기에 잘 물리는 편이다. 여러 사람과 같은 장소에 있을 때 맨 먼저 그 피해를 입는다. 심지어는 테니스코트 안에서 경기하는 중에 물리기도 한다. 남들 말로는 모기가 좋아하는 피를 가진 탓이라고 하는데 피 형이 같은 사람들 모두 그렇지는 않았다.

애꿎은 술꾼 타박도 받는다. 술 좋아하는 사람의 분비된 땀에 알

코올이 섞여 그 냄새를 모기들이 좋아한다는 것이다. 그러나 나보다 더 많이, 자주 술 마시는 친구는 끄떡도 없다. 사람이 시원찮으니 모기가 문다는 말을 들을 때면 하찮은 곤충에 견주어져 약이 오를 때도 있다.

옛날에는 지금 같은 모기향이나, 훈증기, 전자향이라는 것이 없었다. 오로지 기역자 분무기를 눈 아프게 입으로 불어야하는, 질 나쁜 살충제가 있긴 했다. 그것도 흔한 것은 아니었다. 마당에 모깃불을 피워 그 연기로 모기들을 쫓아내는 것이 우리네 전통 처방이었다. 모깃불 타는 냄새가 차라리 아름다운 정서를 불러일으키는 추억으로 남아 있지만, 그것도 모기를 죽일 수 있는 약효 자체는 아니었다. 방 문에 모기장을 바르거나 모기장을 치는 것이 최상의 수단이었을 뿐이다.

중학교 때였던가. 장맛비가 오는 날 밤 마루에 앉아 소설책을 읽으면서 모기를 막기 위해 군용 비옷을 입어 보았다. 내 딴에는 의기양양, 갑옷 두른 장수처럼 버텨보기로 한 것이다. 선풍기도 없던 시절이라, 공기가 통하지 않는 비옷을 입어 온몸이 후덥지근했지만 모기 떼에게 노출된 것보다는 견딜 만한 것이라 생각했다. 그러나 모기의 창은 그 방패도 아랑곳없이 침공하는 무서운 놈들이었다.

이 소설을 누가 썼나. 제목은 생각나지 않지만 그 무렵 어떤 잡지에서 읽은 단편소설이 있었다. 모기에 얽힌 줄거리가 대충 이렇다.

바닷가 마을, 해변 절벽 위는 그야말로 문공蚊公천국이다. 구잡스런 동네 사람들이 내기를 건다. 옷을 홀랑 벗고 그 절벽 위에서 얼마가 버티면 상으로 쌀을 준다고 했다. 돈 많은 지주가 또 그 쌀을 쾌척했고 남의 고통을 보며 즐기자는 가학 심리가 즐기는 제삿날祝祭처럼 온 동네 사람들을 들뜨게 한다.

가난한 시절이라 어떤 사내가 그 문공들의 과녁판이 되겠다고 나섰다. 쏘는 대로 맞도록 두 손을 결박당하는 조건으로 절벽 위에 선 사내의 고통은 말할 필요가 없다. 가려움 정도는 참을 수 있으리라는 무신경의 대가처럼, 불로소득 횡재나 할 듯 나서기야 했겠는가. 그저 먹고 살기 어려운 시절에나 있었을 법한 지나친 장난에 비장한 각오로 그 일을 자청한 사내였을 것이다.

수백 마리의 모기 떼가 사내의 노출된 온몸을 사정없이 쏘아댄다. 가려운 곳을 긁지 못하는 고통, 사내는 그 가려움을 참다 참다 그대로 절벽 위에서 뛰어내리고 만다. 절벽 아래에서 시시덕거리던 동네사람들은 뛰어내리는 사내의 비명소리에 그제야 한낱 모기라는 곤충에 의해 인간의 인내가 얼마나 어이없이 파괴당하는가를 실감하는, 그런 내용이다.

인간의 인내란 한계가 있겠지만 그 결말치고는 너무 대가가 큰 셈이다. 소설에서 쌀은 풍요가 아니라 궁핍에서 오는 탐욕의 상징에 불과하다. 가난한 사람들이 겪는 고통을 빗나간 내기로 즐기려는 인간들의 가련한 속성이 불렀던 비극이 모기에 의한 것이라니.

모기를 잡다 손을 삔 사람도 있다. 차 안에 들어온 모기를 쫓다가 교통사고를 낸 사람도 있었다고 하니 해충이 인간에게 주는 질병이며 피해가 결코 만만치 않다. 최첨단 과학시대에 사람까지 복제할 수 있다는 세상이지만, 고대부터 있었을 벌레 하나 지금까지 완벽히 물리칠 재주가 없으니 그게 인간의 한계다.

약을 뿌리시던 어머니의 말씀이 문득 생각난다.

"모기 주둥이를 훽 비틀어버린갑더라."

살충제의 효능을 농담삼아 하신 말씀이었다. 그런 살충제의 효능도 모기들의 내성과 반비례한다는 것이 걱정이지만, 나도 가끔 약을 뿌리면서 어머니의 농담처럼 중얼거린다. 이놈의 모기들, 주둥이나 훽 비틀어져 버려라 하고.

코스모스

이상기후 때문인지 철 이르게 몇 송이 코스모스가 피었다. 이 시대의 성급한 사람들의 성품을 닮아 가는가, 한여름에 코스모스라니.

꽃이란 제철에 피어야만 아름답다. 가을꽃 하면 국화 못지않게 우리의 서정을 일깨워왔던 코스모스다. 국화는 이제 계절을 구분할 필요 없이 볼 수 있게 되었지만 코스모스만큼은 그와 다르다.

코스모스가 나를 안심시키는 것이 두 가지가 있다. 하나는 온실재배를 하지 않도록 야성을 지닌 품성이요, 또 하나는 빨간색과 하얀색뿐인 꽃빛깔 때문이다. 분홍에서부터 자주까지 명도만 다른 빨간색들은 채도를 지녔지만, 또 하나 하얀색은 채도를 아예 지니지 않았다.

그 빛깔들이 서로 어우러지는 조화는 그들만이 지닌 무리의 아름다움이다. 혼자보다는 집합이어야 하는 관상의 특성은 소박함 때문이다. 코스모스가 주는 서정은 화려함이 아니다. 만약 코스모스에 노란 꽃잎이 있었다면 참으로 어울리지 않았을 것이다. 빨간색에 노란색이 어우러지면 화려함은 얻을 망정, 소박함은 잃는다. 물론 보통 코스모스와는 다른 원예종 노랑코스모스가 따로 있긴 하지만.

그해 여름, 서울 마장동 시외버스터미널에서 강원도행 버스에 나는 몸을 실었다. 친구 찾아 떠나는 여정이었다. 강원도 고성군 간성면, 상상하기조차 먼 그곳에 친구는 직장을 갖고 있었다.

그를 찾아가는 내 발걸음은 결코 유쾌한 것은 아니었다. 당시로서는 견디기 힘든 우정의 갈등을 겪었던 나는 그 멀리 나를 이해할 것만 같은 친구를 찾아 어설픈 하소연(?)을 하러 떠나는 길이었기 때문이었다.

무덥고 긴 여름, 답답하기 그지없던 서울생활을 진저리쳤던 나는 진심으로 가을을 기다리고 있었다. 그 기다림이 얼마나 처절했던지 숨 막혀 질식할 것만 같았다. 우선 가을이 오기 전에 서울을 떠날 수 있다면 무엇이든지 할 수 있겠다는 심정이었다.

무심한 눈길로 바라본 낯선 산길을 버스는 온종일 달리고 또 달렸다. 산 첩첩 험난한 두메, 일정한 양의 차량들을 통제시켜 군인들이 무전기를 통해 교차시켜 보내야할 정도로 좁고 험한 고갯길의 연속이었다.

곳곳에 군부대가 보였다. 자주 눈에 뜨이는 군인들의 모습 중에 보고 싶은 사람의 얼굴이라도 있을 것 같았다. 내 주변에 아무도 없다는 절망감, 나를 사랑했던 사람들이 한둘 자리를 떠나 입대한 뒤였기 때문이었다.

그러다 무심히 코스모스를 보았다. 어느 작은 부대의 울타리 주변에 철 이르게 핀 한 송이의 하얀 꽃이었다.

도피를 위하여 계절을 탓하지는 않았지만 그 도피의 길에서 가을꽃을 본 것은 적지 않은 충격이었다. 그러나 철 이르게 핀 꽃이었다. 기다리는 가을은 아직 멀었는데 꽃은 왜 미리 피어 있는 것일까.

차창 유리에 내 얼굴이 보였다. 이 상심이 누구 탓인가. 우정이니, 의리니, 배신이니 하는 부질없는 언어에 파묻힌 내 모습이었다. 차창에 흐리게 비친 그 모습은 온통 변명으로 포장되어 있었다. 조급하고 분별없는 것은 내 모습이지만 꽃은 혼자 피어도 저렇게 의연하다. 비로소 나는 자신이 부끄럽다는 생각을 했다.

꽃이 이르게 핀 것은 경망함이 아니다. 오히려 계절의 전령이 되어 보여주는 인내가 있다. 한 발 앞서 씨가 여무는 것뿐이다. 가을이 와야만 한다고 조바심하지 마라. 그렇게 울분을 삭일 수 있어야 하며 무슨 일이든 남을 탓하지 말아야 한다. 어떤 소용돌이 안에서든 그 주인공은 나 자신이며 내 탓이라는 생각이 들었다.

친구를 찾아가며 미리 준비해 두었던 그 많은 하소연과, 어지러웠던 내 마음속의 변명을 비로소 지울 수 있었다. 스무 살 때였다.

모처럼 금만평야를 지나는 길에 이르게 핀 코스모스 한두 송이가 그 옛날의 부끄러움을 건드린다. 지금은 우정의 의미로 누가 내게 상처를 줄 일도 없을 것이요, 상심할 만큼 세월조차 한가하지 않다.

예전에는 벌에 쏘이면 아팠지만 이제는 신경통 묘약쯤으로 생각할 수 있는 것처럼.

산야는 다가오는 가을을 진지하게 맞을 준비를 하고 있다. 첨병처럼 이르게 핀 저 꽃들이 천천히 불러오는 가을. 화병에 꽂히거나 꽃꽂이 재료이기를 거부하는 소박함으로 코스모스는 피기 시작할 것이다. 바람이 불면 일렁거리는 꽃 무리의 율동을 보일 것이다.

하늘이 푸르다. 가을은 멀지 않았다.

아이를 등에 업고

아침부터 비가 내렸다. 옆집 지붕에서 흘러내리는 물줄기가 뒤창으로 들이친다. 창이 높아 처마에서 흩뿌리는 빗방울 때문에 비가 올 때면 그 문은 아예 열어 놓지 못한다. 그러나 그런 날이면 한낮에도 방안이 어두워 오히려 나만의 공간을 보호받는 느낌이 들어 싫지가 않다. 덕분에 오늘도 그동안 밀린 책을 연거푸 읽을 수 있는 시간을 가지게 되어 다행이었다.

아이들 때문에 안채는 늘 어수선하다. 누나들과 놀다가 지쳤는지 심심하면 세 살 먹은 막내아이가 마당을 건너온다. 내가 방에 혼자 있음을 안 아이는 제법 높은 마루를 낑낑대며 올라와 수선을 피운다. 물이 괸 마당을 어른 신발을 신고 철벅거린 탓에 옷이 젖고 흙탕물이 튀겨 있다. 반나절 사이에 벌써 여러 번 옷을 갈아 입혔지만 허사다.

올 때마다 책장에서 책을 쏟아놓거나 잉크병에 펜을 쑤셔대고 뜨거운 물이 담긴 전기주전자를 만져 나를 놀라게 했다. 겨우 달래어 안방에다 데려다 놓으면 잠시 잊는 듯하다가 이내 또 찾아오는 아이가 여간 성가시지 않다.

"아뽀! 아뽀!"

마당을 건너올 때마다 아이는 아빠를 부른다. 하던 일을 멈추고 아이가 들어오기를 기다려 함께 어울려 주다가 다시 데려다 주는 일을 반복하기 여러 번이었다.

나중엔 마루를 오르기 전 문을 닫고는 "오지 마! 가!" 했더니 시무룩한 모습으로 돌아선다. 문틈 새로 그 모양을 보자니 괜히 마음이 언짢다. 사랑은 뒷모습 보는 것에서 억장이 무너지는가 싶다는, 조금은 과장된 마음 때문에 모든 일의 순서를 허물기로 한다.

"아가. 이리 와."

문을 열고 아이를 부른다. 언제 그랬느냐 싶게 활짝 편 얼굴로 아이는 돌아섰다. 마루는 무엇 때문에 높게 만들었는가 싶은 생각을 하면서도 아이가 올라오는 능숙한 몸짓을 가만히 바라만 본다.

얼마 전 이 높은 마루에서 아이가 떨어져 머리에 상처가 났다. 엥 하고 우는 듯 마는 듯하던 아이를 데리고 병원으로 달려간 것은 상처가 제법 깊은 탓이었다. 다친 부분의 머리칼을 가위로 자르고 소독 처리를 한 뒤 바늘로 꿰매는 동안에도 신기하게 아이는 울지 않았다.

"그놈 참, 별난 놈이네."

의사는 아이의 태도를 칭찬 비슷한 말로 대견해했지만 곁에서 바라보는 내 마음은 그렇지 않았다. 울지 않는 것이 어른답다기보다는 오히려 어린아이답게 소리내어 울었더라면 차라리 안쓰러움은 가셨을 것이다.

"업어줄까?"

두 팔을 뒤로 벌린 시늉을 하자 아이가 좋다고 등에 붙는다. 등 뒤에서 몸을 굴리며 좋아하던 아이는 작은 리듬을 실어 걸어준 때문인지 어느 순간 고개를 묻더니 새근새근 잠이 들었다.

등 뒤 아이의 체온이 내게 전해져온다. 조용한 안정이 나와 아이의 체온처럼 따뜻해지기 시작한다. 아이의 서툰 언어에서부터 꼬물거리는 작은 행동이 뒷날 성장해 가는 변화를 겪을 때 나는 어떤 모습일까 문득 생각해본다. 지금 이만큼, 이렇게 품에 안을 수 있는 사랑의 깊이를 의심할 수는 없는 일이다. 그러나 나이 들어 제 생각에 앞선 자식들을 바라보며 애정의 괴리를 서글퍼하는 부모들이 어디 한 둘인가. 내 자취를 두고 품안에 자식이라는 말로 애써 위안하셨을 어머니를 생각하니 어쩐지 서글퍼지는 기분이 들기 시작한다.

"내 새끼. 내 강아지."

어릴 때 내게 그러셨던 어머니를 흉내내어 나는 아이에게 중얼거린다. 살아오신 동안 자식들을 원망하지 않으셨던 어머니의 마음처럼 나도 뒷날 이 사랑을 어떻게 감추어 둘 것인가. 자식 낳아 길러봐야 부모의 심정을 안다는 말은 결코 빈말이 아니다.

아이를 업은 채 샘가에 핀 하얀 접시꽃을 바라본다. 어느새 비가 그쳐 햇살이 들었다. 가을이 머지않은 모양이다.

제3부

가을 문 앞에서

처서處暑 지나 백로白露가 가까워지니 아침저녁 기온이 제법 쌀쌀해졌다. 여름내 열어젖혀둔 문들의 틈을 좁히어 여미기 시작할 때가 된 것이다. 이 무렵이면 방 문의 창호지를 새로 발라 가을 맞을 준비를 했던 아버지의 손길이 기억 속에 되살아난다.

돌쩌귀를 빼어 통째 떼어낸 문짝은 색 바랜 창호지가 잘 떨어지도록 물을 뿌려 불린다. 더러 문살에 말라붙은 종이와 풀 찌꺼기도 솔로 비벼 깨끗이 씻은 뒤 그늘에 괴어 말린다. 물기 때문에 뒤틀린 문살이 바로잡혀야 창호지를 바를 수 있기 때문이다.

문을 바르기로 한 날이면 어머니는 풀을 쑤셨고 아버지는 창호지를 접어 마름 먼저 하셨다. 묽은 풀을 바른 종이의 두 귀를 잡아 창살에 붙인다. 가끔 내가 아래쪽 귀를 잡는 일을 돕기도 했다. 그러나 아버지는 혼자서도 처진 종이가 접히거나 말리지 않게 잘도 문을 바르셨다. 종이를 이어 붙일 때면 이음새 간격이 조금도 차이가 나지 않도록 찬찬히 덧대는 모습이 언제나 진지하셨다.

손길이 많이 닿는 문고리 부분에는 한 겹 더 창호지를 바르셨다. 문짝 좌우 정연한 크기의 대칭이었지만 그렇다고 그 안에 국화잎이나 또 다른 나뭇잎을 넣어 바르는 장식은 하지 않았다. 자칫하면 가벼워질 수 있는 무늬 장식을 아버지는 좋아하지 않으셨던 듯하다. 생각해보면 단순한 비례의 아름다움이었다.

돌쩌귀를 끼워 문을 달아 놓은 뒤 문짝과 문설주 사이도 두어 겹 종이를 바른다. 문풍지를 바르고 여닫지 않는 문 위쪽의 고리를 걸어 고정시켜 놓고 귀얄을 씻어 놓으면 모든 작업은 끝났다.

아버지가 새로 바른 문은 주름 하나 없이 탱탱했다. 문살에 비친 창호지 흰빛은 새어나가는 것들을 잘 다듬어 모아 두는 듯 작은 풍요를 느끼게 해주었다. 그 정갈한 빛, 아버지의 손끝에서 비로소 인식했던 계절의 전환점이었다.

언젠가 창호지 바르기를 하시는 아버지의 일을 도와 드릴 때였다. 종이를 떼어내기 위해 칼로 창살을 긋다가 그만 손가락을 크게 베고 말았다. 꽤 깊은 상처가 난 내 손을 보신 아버지는 몹시 화를 내셨다. 마치 당신이 다치신 듯 아픔을 감춘 역정이셨다. 능숙하지 못한 어린 아들의 칼질을 무심하게 두고 보신 아버지의 자책 품은 질책이었던 것이다. 조심하지, 조심 좀 하지, 이것아… 그런 말씀을 담은 아버지의 서늘한 눈빛이었다. 그렇게 화를 내신 모습도 내겐 처음이었고 또한 마지막이었다.

아파트 창에서 올려다본 하늘빛이 푸르다. 창호지 새로 바를 문짝도 없는데 가을이 오고 있다. 아파트에 이사 오기 전 살았던 집의 방 문 바르는 일은 내 몫이었다. 어깨 너머 본 그대로, 아버지처럼 정교하게 그 일을 나는 해냈다. 그 모습을 보신 어머니는 내가 아버지의 손재주를 가장 많이 닮았다고 탄식하셨다. 먼저 가신 아버지에 대한 그리움이었을까. 손가락을 다쳤을 때 아버지가 내셨던 역정과 어딘가 모르게 닮은 탄식이었다.

사방에 비낀 하얀 햇살을 보며 긴 한숨을 쉬어본다. 상심인가. 가을 가슴앓이는 이제 시작될 모양이다.

7년 후

꽤 오래전 이웃에게 보낸 엽서 글을 우연히 읽을 기회가 있었다. 잡기장에 쓴 뒤, 별 여과 없이 옮겨 적어 보낸 것이었다.

1. 서점에 들러 책 몇 권을 샀고,
2. 꽃가게에서 공작고사리(아디안 텀) 화분 하나 5,000원에 샀음.
3. 아파트 베란다에 난蘭화분 몇 개 내놓고 오랜만에 물을 줬고,
4. 손가락에 침 바르고 죽을 둥 살 둥 실반지 빼 보다.
5. 퇴근했겠다 싶은 친구에게 전화를 걸어 주말에 산에 갈 이야기 좀 나눈 후,
6. 깊어 가는 밤, 불을 끄고 음악을 들었지.

1992. 9. 3.

7년 전의 일이다. 문득 지금과 그때의 일들을 비교해본다. 격세지감은 아니지만 그래도 적지 않은 변화를 겪은 것 같다. 7년 전쯤이면 습관처럼 서점에 들러 책을 사들고 나오면서 늘 행복해했던 시절이었다. 마치 포식을 하듯 즐겨 책을 읽었지만 때로는 소화불량에 걸려 읽다 던져버리기도 했다. 그 무렵 함께 사들인 월간지들은 음악, 사진, 산, 문학에 관한 것들이었다. 한 달에 분야가 다른 책들을 차례로 대한다는 것은 즐거운 일이었고 그것은 곧 삶의 일부분이기도 했다. 그때에 비하면 지금의 독서는 훨씬 위축되고 편협되었으니, 취미생활도 독서의 영역과 무관치 않았음이 분명하다.

그때만 해도 공작고사리의 작은 잎사귀를 보기 좋아해서 자주 화분을 사들였다. 그러나 물맛을 제대로 걸러주지 못했는지 공작고사리는 천천히 포기를 줄여가며 자진해 갔다. 공작孔雀이 아닌 공작公爵이시니, 근접을 원치 않는 것인지 모른다는 생각도 들었다. 서투른 정성에 대한 저항처럼 그렇게 소멸해 가는 것은 난蘭 또한 마찬가지였다.

그 후로 화분을 곁에 두고 싶은 마음은 접기로 했다. 내 손길로 얻을 수 있는 완상의 아름다움은 미리 경계하는 버릇이 생긴 것이다.

그래도 지금껏 변하지 않은 것이 있다면 참을성 없는 나의 성격일 것이다. 작은 실반지 하나 때문에 천지가 무너지는 듯, 느닷없이 벌떡거리는 심장박동을 견디기 힘들었던 기억이 있던 날이기도 했다. 평소 끼고 있던 반지를 무심코 빼보려 했던 것이 문제였다. 반지를 손가락에 낀 채 적지 않은 세월을 보내놓고서도 문득 '결코 빠지지 않을 것' 이라는 생각에 갑자기 다급해진 것이다. 마치 편집증 환자처럼 반지를 빼지 않고는 견딜 수 없다는 생각이 든 것이다.

참으로 진땀을 흘리며 반지를 빼냈다. 그 후련함은 말로 표현하기 힘든 해방감이었다. 손오공 머리의 금고金箍처럼 나를 속박하는 굴레를 끼고 있었다는 생각이 들었다. 시계는 물론 군번목걸이조차 차기 싫어했던 내가 참을성 없는 천성을 어겨, 어쩌다 18K 실반지 하나를 끼고 살았던 것이다. 스스로의 함정에 빠진 억눌림과 고통, 해방감을 함께 이해한 셈이다. 이후 지금까지 나는 반지를 끼지 않는다.

산을 좋아했던 친구와는 이제 무슨 이유인지 만날 일이 뜸해졌고 나 또한 요즈음 산에 잘 오르지 않고 있다. 산사람을 자처하지는 않았지만 산을 사랑하는 사람으로서는 부끄러운 나날을 보낸 셈이다. 지금 그 친구는 제 등달을 위해 진땀을 흘리고 있는데, 나는 예전 그대로 건들거리고만 있으니 변하지 않은 것도 더러 있다는 자조를 지울 수 없다.

그때 막내아들은 유치원에 다녔고 등산장비는 그래도 손질되어 있었다. 새로 이사 간 집 안에 먼지는 그다지 많이 쌓이지 않았는데, 나는 지금 그보다 더한 세진속사에 파묻혀 허덕이고 있는 나날을 보내고 있다. 7년 전과 비하여 변한 것이 있다면 부질없는 것들이요, 변하지 않은 것 또한 부질없는 것들이다. 나는 가만히 있는데 어찌 세월만 갔다 할 것인가, 길게 터지는 것이 한숨이다.

초추

마지막 책장을 덮고 창 밖을 보니 어둠이 짙다. 이틀 동안 세 권의 책을 읽은 뒤다. 언제부터인가 책과 멀어지게 된 것도 복잡한 생활에 쫓긴다는 세속의 변명 같아 문득 부끄러움이 일었다. 그 부끄러움을 조금이나마 씻기 위해 늦더위가 기승을 부리는 계절의 마지막을 책과 씨름한 것이다.

벽에 걸린 시계조차 고장이라 차라리 다행이었다. 얼마간 시간을 잊고 한 번 작정한 일에 깊이 빠져 본다는 것은 꽤 즐거운 일이었다. 그 사이 어깨가 아프거나 눈이 피로하면 잠깐 쉬며 커피를 끓이기도 했고 이웃에 엽서 몇 장 쓰기도 했다.

그렇게 써놓은 엽서들도 부치지 못하고 또 하루를 넘겼다. 대문 밖 출입을 아예 하지 않고 사흘을 보낸 셈이다. 그저 안채와 아래채를 오가는 행보였지만 정신의 여정이 충만했음은 무척 다행스런 일이었다.

방에서 흐른 불빛이 마당을 지나 샘가까지 뻗어 있다. 깊은 밤 파란 불빛이 적막해 보인다. 습기 때문에 틀어놓은 선풍기 바람에 모기향연기가 춤을 춘다. 타래가 부서진 모기향 조각이 이어붙인 불에 벌써 여러 차례 재가 되었다.

꾸정모기 한 마리가 왱왱거리다 꼬꾸라진다. 검고 큰 모기. 독 바른 창을 든 적장을 해치운 기분이다. 초저녁부터 여러 잔의 커피를 마신 덕분에 잠은 멀다. 오랜만에 기지개를 켜고 고개를 저어보니 우두둑 목 언저리에서 소리가 난다.

밤새가 운다. 쏙쏙쏙, 집 주변 큰 나무에 앉아 내는 소리가 제법 날카롭다. 부엉이도 아닌데 밤에 우는 저 새 이름은 무엇일까. 뜨락에는 풀벌레들이 운다. 귀 기울여 들어보니 따르르르, 찌이잇, 시르르르, 소리도 각양각색이다. 저렇게 많은 소리가 들리는 데도 이 밤이 적막하다 했는가.

불빛 보고 이따금 방 안으로 뛰어드는 귀뚜리를 살며시 잡아 다시 마당으로 던져준다. 사뿐 내려앉는 착지는 보이지 않지만 저 작은 미물은 우주의 한복판을 유영하고 있는 것이 분명하다.

달력을 보니 백로가 얼마 남지 않았다. 가을이 문밖에 와 있는 것이다.

담배

담배 한 개비 피워 물어본다. 연기 한 모금, 목을 타고 넘어간다. 오장육부의 벽을 휘젓다가 내뿜어 나오는, 가슴을 꽉 채운 뒤의 역류가 문득 상쾌하다. 사실은 맹독성 유기화합물이 전신의 기를 마취시키고 있음을 나는 알고 있다. 그 마취의 힘이 마치 눈에 보이는 듯 팔다리가 나른해진다. 육신의 힘을 깊은 나락처럼 뚝 떨어지게 하는 한 모금의 연기 알칼로이드. 그것은 절망 같은 혼미함이며, 또한 정신의 자양분을 불러오는 쾌감이기도 하다.

오랜만에 피워보는 그 맛이 사뭇 달다. 제 아무리 오랜 시간이 흘렀어도 그 단절을 잇는 흡연의 첫맛이 이렇게 무아지경이라니.

오래전 자신과 싸움이라도 하듯 오기를 부리며 금연을 시작했다. 욕구의 대응으로 물만 마신 채 며칠을 넘겼더니 금단현상은 사라졌다. 속칭 '입에 불을 피우는' 연륜이 적지 않았음에도 골초에 가까워질 수 없는 함량미달의 뻐끔담배만 핀 탓인지 뜻밖에 그 오기는 길게 이어졌다. 담배를 피우고 싶은 욕구를 어느 정도 잊어버리게 된 것이다.

그러나 그동안의 잊고 살았던 흡연욕에 대한 시험이라도 하려는 듯 나는 지금 담배를 피워 물고 있다.

'너를 생각하며 피워보는 시가렛.'

사실은 방금 들었던 음악 때문이었다. 무심코 켰던 라디오에서 흘러나온, 조금은 우울한 멜로디의 팝송이었다.

그래, 그게 있었지. 담배를 피워 물면 내 정신력의 의지가 보이고, 너라는 대상을 마음속에서 정리할 수 있을지 몰라. 그래, 담배 한 개비 피워보자. 지금 계절은 가을이고 밤은 내려 어둡다. 거기에 어둡게 가라앉은 내 심연, 그 모든 것을 마음대로 휘저어버릴 수 있는 것이 담배연기처럼 어울리는 것이 또 있을까. 서둘러 나는 팝송가락의 흉내를 내게 된 것이다.

기다림의 고통이 모든 사념을 앗아가 버렸다. 그 기다림조차 무의미한 그의 생각에 골몰한 지 벌써 며칠째였다. 그의 생각에 파묻혀 있으면서 그를 잃어버린 고통, 이 가을이 결코 나를 버리진 않았는데 나는 무언가를 잃어버렸다는 절망에 파묻혀 있다가 듣게 된 음악이었다. 그렇게 핑계처럼 피워 본 담배였다.

삼킨 연기로 스민 독이 처음 나락으로 인도된 듯하더니 내부의 어떤 기력이 차츰 저항감을 찾은 모양이다. 나른하던 무력감이 천천히 사라지기 시작한다. 그러나 그것은 저항감이 아닌 오랜 세월을 두고 내 안에 숨어 있었던 독소들이 기다렸다는 듯 재결합하고 있음이 분명하다.

손끝이 가늘게 떨린다. 그 손가락에 낀 담배에서 짧은 연기가 수직으로 솟아오른다. 하늘거리다가 제멋대로 회오리를 치는 선의 아름다움을 본다.

다시 깊숙이 빨았다 내뿜는 연기, 그 속에서 그의 얼굴이 희미하다. 지금 이렇게 피워 본 담배는 무엇을 채우기 위한 것이었을까. 채운 것도 없고 변한 것도 없다. 나는 그 자리에 그렇게 서 있을 뿐이다. 정신의 혼미를 잠시 즐긴 셈이지만 그것은 사랑을 빙자한, 그를 빙자한 자학이었음을 천천히 깨닫기 시작한다.

결별을 하듯 담배를 비벼 끈다. 담배가 끼친 여독을 인식하듯 커다란 후회가 남는다. 망각으로 무장시켜줄 줄 알았던 담배 연기는 그대로 이 현실에서 허공으로 흩어졌다. 후회조차 의미 없는 외로운 그늘, 가슴은 그냥 그대로 비어 있을 뿐인데.

편지

洛陽城裏見秋風 欲作家書意萬重
復恐忽忽說不盡 行人臨發又開封

가을바람에 마음 놀란 나그네
아득히 처자를 그려 편지를 쓴다.
아무래도 못다 한 사연이 있는 것 같아
떠날 길에 봉을 뜯어 다시 읽는다.
– 추사秋思

중국 당나라 시인 장적張籍의 시다. 가을이면 편지를 쓰고 싶은 사람의 마음을 가장 잘 드러내 보이는 그의 시에 아름다운 그림이 보인다. 사랑하는 사람에게 편지를 쓰고 보내기 전 다시 읽어보고 싶은 마음이 그 얼마나 애틋하며 아름다운가. 떠나 있어 사무치는 그리움, 누구나 가을이면 편지를 쓰고 싶은 생각이 평소와는 다를 것이다.

그에게 쓴 편지는 우체국에 가서 직접 부치고 싶었다. 그냥, 그에게 쓴 편지라는 단 한 가지 이유 때문에 찾은 우체국이었다. 창구직원이 우표 값이 인상되었다고 알려준다.

그동안 심심찮게 우표 값이 인상되었다. 편지를 쓸 때마다 평소에 가지고 있는 우표 외에 인상된 값을 더 붙여야 했다. 내겐 아직도 80원, 110원, 150원, 170원짜리 우표가 많이 남아 있다. 한 장 달랑 붙여야 할 우표보다 값 올라 덧붙여야 할 딱지 수가 점점 늘어나고 있는 것이다. 쩨쩨하다 생각할지 모르지만 나는 남들이 거들떠보지 않는 10원짜리 동전을 열심히 모은다. 어느 정도 모아진 동전으로 10원짜리나 20원짜리 우표를 산다. 오른 값 우표를 붙이기 위해서다.

컴퓨터 이메일이라는 편리한 전송 수단이 그나마 편지 쓰는 사람들의 손길조차 무디게 만들어 놓았다. 이메일로 보내는 문자가 편지라고 말할 수 있는가. 굳이 말하자면 편지도 아니요, 쓰는 것도 아니다. 자판을 두드려 문자를 전송하는 수단일 뿐이다. 이메일에 익숙해져 우표 값을 모르는 사람들이 많다. 얼마 전부터 규격봉투 우편요금이 220원이 되었다. 생각해보면 온갖 사연을 전달해주는 요금치고 우표처럼 싼 것이 어디 있는가. 나는 아직까지 우표 값이 올랐다고 나라의 어떤 부처를 원망해본 적이 없다.

최첨단 컴퓨터의 시대, 이젠 육필로 글을 쓰는 사람도 별로 없다. 컴퓨터로 작품을 쓰는(?) 일이 사실은 편리하다. 그러나 편지만큼은 따스한 정감이 스민 육필로 써야한다는 바람을 나는 가지고 있다.

브람스의 음악을 틀어놓고 찻잔을 든다. 낮게 깔린 커피 향이 사방을 적시기 시작한다. 만추에 음악이 흐르는데 커피 잔을 옆에 놓고 이웃에게 편지를 쓴다. 이 순간이 문득 행복하다.

이별 연습

미리 와 있었는지 그가 차를 기다리며 서 있다. 거리에 정연히 서 있는 가로수, 그 은행나무 아래 작은 모습으로 선 그를 보는 순간 철렁 가슴이 내려앉는다. 길 위에는 방금 진 은행잎들이 뒹굴고 있다. 차가운 거리의 회색 벽들 사이에서 명시도 높게 빛났던 잎들이 이제 하나 둘 지기 시작하고 있다. 은행잎은 깊은 가을의 정적처럼 짧은 시간에 조용히 진다. 얼마 후면 그 옷을 완전히 벗고 황량한 나목이 되어 서 있을 것이다.

실루엣으로 비치는 그의 뒷모습을 배경으로 이따금 지는 잎의 선회가 뚜렷하다. 어둠이 내린 지 오래, 통근자들로 북적이던 간이 정류장에 이 시간이면 시외로 빠져나가는 손님들도 뜸하다. 평소 그와 같은 방향으로 통근을 하고 있지만 함께 버스를 타는 일은 매우 드물다.

나는 조심스럽게 그의 뒤 저만치 비껴 선다. 그동안 그가 보고 싶었다는 간절함이 소진된 나의 의식을 발견한다. 욕구가 해소되었다는 의미일까. 나는 그냥 그의 뒷모습을 조용히 바라보기로 마음먹는다.

버스표를 손에 쥐고 불빛에 노출되지 않는 자리에 나는 서 있다. 내가 자기의 뒤에서 침묵으로 서 있는지를 그는 모른다. 평소 사랑과 미움을 상존해 두고, 어디에 있을 것 같은 그의 모습을 습관처럼 찾아온 나였다. 이렇게 돌아가는 길목에서 그를 만날지 모른다는 기대를 늘 해왔던 그 마음이 비애라는 것을 그가 알 리 없다. 그는 저렇게 서서 어디의 무엇을 응시하고 있는 것일까. 내 마음의 소리도 듣지 못하며, 내 앞에 서서 무슨 생각을 하고 있는 것일까.

차가 온다. 그가 올라 자리에 앉자마자 차는 떠난다. 차창 밖을 그가 보지 않았음은 다행한 일이다. 어둠이 있어 보이지 않았을 테지만 그래도 흘깃, 이렇게 서 있는 나를 발견한다면 좋겠다는 기대를 했던 것도 사실이다.

만약 그랬다면, 그는 일부러 차를 타지 않았던 나의 마음을 어느 정도 읽었을지 모르고, 나는 또 그의 당황함을 볼 수 있었을지 모른다. 그러나 나는 그를 일부러 보냈고, 그는 내 마음을 모른 채 내 앞을 떠나갔을 뿐이다.

그 자리에 한참을 나는 서 있다. 그가 서 있던 자리에 은행잎은 계속 떨어지고 있다. 그동안 기대해왔던 우연한 만남. 그 만남조차 스스로 외면한 이 마음이 사실, 변덕은 아니다.

나는 그와의 이별을 오래전부터 준비해왔다. 언젠가 그와 나는 헤어질 것이다. 그러한 날을 위해 이렇게 헤어져 보는 이별 연습을 한 것뿐이다. 그러나 말할 수 없이 허전하다. 나도 그의 뒤를 따라 차에 탔더라면 차라리 좋았을 것을.

또독, 빗방울이 떨어진다. 이 가을의 정적을 달래기 위해 빗방울이 지는지 모른다. 캄캄한 하늘을 올려다보아도 아무것도 보이지 않는다. 별도 없다. 하긴 빗방울이 지고 있는데. 얼굴에 지는 빗방울의 감촉이 차갑다. 이 비에 은행잎들이 다 져버리면 어쩌나.

매표소 이층, 커피숍 간판 불빛이 파랗다. 빗방울을 피해 들어간 그곳에 사람 하나 앉아 있지 않다. 아무도 없어 지극히 넓고 편안한 실내 분위기인데도 음악은 시끄럽고 낯설다.

창가에 앉는다. 커피 한 잔 가져다 놓고 앞자리에 앉은 여인이 내가 창 밖에만 시선을 둔 것이 무안했던지 일어서서 가버린다.

커피잔을 들지도 않고 나는 창 밖을 내려다본다. 비는 잠깐 뿌리다 그친 모양이다. 그러나 비에 얼룩진 창 밖 거리의 풍경은 어둡게 가라앉아 있다. 언제 왔는지 막차를 기다리는 사람 하나 정류장 앞에서 서성거리고 있다. 불안한 몸짓이다. 어딘가 떠나야 할 자리, 정해진 목적지가 분명히 있었음에도 사람들은 막차를 기다리는 시간을 초조해 한다. 놓친 뒤의 허무와 놓쳐버릴지 모르는 조바심이 어찌 막차의 의미뿐이랴. 우리는 이미 많은 것을 잃고 살며 그 상실감에 길들여 있는 것을.

막차를 기다리다 보면 가끔 결행일 때가 있다. 이 시간 이후 정말 막차가 안 올지도 모르는데 나의 마음은 안락한 흔들의자에 앉은 것처럼 편안하다. 그 헤어짐을 나 혼자서 의도했다는 안도감 때문인가. 나는 그를 앞서 보내놓고, 그가 전혀 인식하지 못했을 이 별리의 쾌감에 빠지기 시작한다. 그를 그냥 보냈었다는 작은 후회도 이미 잦아들었다.

언제까지나 그에게 향하는 이 마음을 겉으로 드러내지 않고 감추어 두어야 한다. 내가 자기를 사랑하고 있다는 것을 그는 모르며 더불어 그 무모한 사랑이 때로는 미움으로 반사되어 많은 날을 고통 속에서 헤어나지 못하고 있다는 것도 알지 못한다. 그것을 그가 알 수 있는 날은 영원히 없다. 이렇게 의도적이지 않는 한 그를 못 만날 이유도 전혀 없는 우리는, 겉으로 보기엔 그저 보통사람들과 다름없는 사이일 뿐이다.

그러나 나는 알고 있다. 못 만나서 괴로운 것이 미움이라는 것을. 그리고 그의 곁에 설 때마다 느껴온 나 혼자만의 사랑이 비록 행복하다 하더라도 언젠가 나 자신을 위해 남겨 두어야 할 여백이 필요하다는 것을. 그는 언젠가 나를 떠나야하며, 나 또한 그를 떠나 나의 길을 가야만 한다. 그 길을 위해 이 가을 밤, 우연히 만난 그를 멀리해 놓고 함께하지 않은 시간으로 격차를 둔 것뿐이다. 그리하여 언젠가 우리가 별리를 이룬 뒤면 나에게 남은 사랑 하나 깊숙이 간직할 수 있음을 나는 믿는다.

그때를 위해 그와 함께하지 않았던 시간을, 사실은 아릿한 이별의 아픔을 연습처럼 즐기고 있는 동안 커피는 어느새 쓰디쓴 독약처럼 식어 있었다.

소리

"아파트 2층처럼 살기 좋은 곳이 없어요."

서울, 아파트 계단을 오르면서 그가 한 말이었다. 그가 살고 있는 집은 정말 아파트 2층이었다. 전기 승강기를 탈 필요도 없는 데다 계단을 통해 쉽게 오르내리는 편리함이 있어서겠지 하고 생각했다. 별 뜻 없이 듣고 있는데 이어지는 그의 말이 뜻밖이었다.

"비가 오면 빗소리를 들을 수 있어 좋고, 나뭇가지가 창문까지는 뻗어 올 테니까 푸른 잎이 있어 보기 좋고, 또 그 나무에 새가 와서 울어 주니 좋고."

"그래?"

나는 층계에서 걸음을 멈추고 그를 바라보았다.

"서울은 삭막하지만 그래도 그 작은 것만으로도 얻을 수 있는 공짜 예술이지요."

그렇구나, 나는 가벼운 현기증을 느끼며 경탄했다. 빗소리 새소리를 듣는 것을 행복으로 여기는 사람이 여기 있구나. 무심히 스쳐 가기 쉬운 작은 아름다움을 예술로 바라본다는 그 소박한 마음이 왜 그리 고마웠는지 모른다.

예전에 내가 살던 집에서도 새가 날아와 지저귀는 소리를 늘 들을 수 있었다. 집 주변에 나무가 많은 탓이었다. 그러나 대부분 이름 모를 새들이었다. 특히 가을 이른 새벽이면 뜰을 가득 채우고도 남을 만큼 한꺼번에 울기도 했다. 귀 기울여 들어보면 소리마다 갖가지였다.

어느 해 처서 무렵, 일요일이었다. 샘가에 큰 물통을 놓고 아이들과 나는 감잎을 씻고 있었다. 짙푸른 감잎을 따다 차를 만들기 위한 나의 작업을 아이들이 거들어 주고 있었다. 고사리 같은 손으로 감잎을 물에 헤적이는 아이들 뒤에 장독대 앞에 핀 하얀 접시꽃들이 웃고 있었다. 불쑥 큰딸아이가 내게 물었다.

"새는 울어? 웃어?"

"새?"

감잎을 씻다 말고 나는 딸아이의 얼굴을 쳐다보았다. 새가 운다고 생각지도 않았던 것은 무관심 때문이었지만 큰딸아이의 귀에는 새소리들이 크게 들린 모양이었다.

"매미 말야?"

"아니. 저 딴 소리."

나는 귀를 기울여 그 소리들을 듣기 시작했다. 아이들도 철벅이는 물소리를 멈추고 소리를 듣기 시작했다. 저마다 심각한 표정들이었다. 새벽과는 달리 새들의 합창이 뜰에 가득하지 않았지만 매미 소리에 섞여 다른 새들이 지저귀는 소리가 들려오고 있었다.

"울잖아."

작은딸이 아는 것처럼 말했다.

"웃는다, 머."

제일 어린 셋째딸이 말했다. 아직 철도 없는 아이들이 새소리에 의문을 가져 준 것이 대견했다. 나는 그 의문이 곧 아름다움을 느낀 것이라서 우선 반가웠다.

"저 휘르르르 하는 건, 우는 거다."

나는 얼버무렸다. 또 다른 소리도 들렸다.

"씩, 씩, 저건 웃는 소리지."

아이들은 믿는 눈치였다. 그러나 나는 정말 새가 우는지 웃는지를 구분하지 못한다. 듣는 사람의 감정에 따라 여러 가지로 표현되는 것이 새소리인가 보다. 웃는다고도 하고, 운다고도 하고, 노래한다고도 한다.

나는 새 이름도 별로 모른다. '이름 모를 새' 라는 표현을 해서는 안 된다는 어떤 시인의 질타가 부끄러웠던 적이 있다. 그 부끄러움에서 벗어나지 못하고 아직도 나는 이름 모를 새소리를 듣는다. 들녘의 평화조차 바라볼 수 없는 지금의 내 생활 주변에 새소리 듣기도 힘들어졌지만.

산 계곡이었다. 텐트 안에 누워 물 흐르는 소리를 듣고 있었다. 모든 것이 잠든 깊은 밤, 산골짜기의 정적은 무겁고도 깊었다. 멀리서

물 흐르는 소리가 들려왔다. 그 청량하게 흐르는 물소리는 아름다운 음악이었다.

그러다 작은 소리의 아름다움이란 때로 흐느끼듯 우는 것인지 모른다는 생각이 들었다. 밤 깊은 산 먼 곳에서 흐느끼듯 흐르는 물소리, 그때부터 새는 웃는 것이 아니라 우는 것이며, 물소리 또한 우는 것이라고 작정하기로 했다. 경건한 순수를 체험했던 그날 밤 쉬 잠들지 못했던 기억은 어찌하여 웃는 것이 아닌 우는 것으로 귀착했을까.

사람들은 새소리나 물소리 곁에서 속삭이고 쉬면서도 결코 듣기 싫다고 하지 않는다. 새소리 못지않게 물 흐르는 소리, 비 오는 소리 또한 듣기 좋아한다. 심지어 눈 오는 소리까지 듣는 것이 사람의 감성이기도 한 것이다.

그 소리들을 소음으로 생각하지 않음은 사람들의 의식이 관대해서가 아니다. 너무나 당연한 자연의 힘, 그 자연이 주는 힘의 예술성 때문일 것이다. 예술은 창조이지만 자연이 주는 아름다움 때문에 모방할 수 있는 힘을 얻게 되는 것인지도 모른다. 자연과의 교감이 이루어지지 않으면 그 행위는 예술이 아니라고 나는 생각하고 있다. 자연은 곧 진리이며 예술은 곧 진리의 추구인 것을 믿고 있기 때문이다.

새소리 빗소리를 예술로 인식하며 산다는 그가 고향에 왔을 때였다. 복잡한 서울의 도심에서 사는 그는 고향에 오면 버릇처럼 강천산剛泉山에서 하룻밤을 지냈다.

아침, 새벽 공기를 마시며 우리는 걸었다. 이미 우리는 그 계곡의 새소리 물소리에 함께 취해 있었다.

"저 소리들 들어봐, 성."

탄식에 찬 어조로 그가 나를 불렀다. 그리고는 멈추어 서서 중얼거렸다.

"저 소리를 들으면 눈물이 나. 성."

운명의 문

덕유산 정상에서 칠연폭포가 있는 쪽으로 내려오던 길이었다. 저 멀리 비탈길로 앞서 걷던 그의 뒷모습을 가운데 두고 주황빛 원추리 꽃들이 밭을 이루어 펼쳐져 있었다. 나무 하나 서 있지 않은 멀고 먼 굽은 길이 발아래로 내려다보이던 가파른 능선이었다. 그는 무엇이 그리 바빠 우리를 떼어놓을 듯 서둘러 내려갔을까.

산은 오르기보다 내리는 길을 더 조심해야 되는 법이다. 사람들의 발길에 윤이 난 바윗등이나 나무뿌리도 위험했지만 비탈길의 밤톨만 한 돌조각들이 발길을 미끄럽게 해 더욱 걷기 힘들었다. 어쩌다 그의 모습을 내려다볼 때마다 아찔한 현기증이 일곤 했다. 가파른 길을 내려갈 때는 발아래 사물만 바라봐야 했던 것이다.

그가 앞장이었고 송 선생이 내 뒤를 따라 오고 있었다. 일행에서 벗어나고 싶은 생각이 앞섰을까. 체력이 같지 않은 사람과 행보에 맞추어 산행을 하다 보니 그가 먼저 지쳤는지 모를 일이었다. 어차피 외길이라서 한가하게 대화할 수도 없었지만 산 중턱 숲이 있는 지점에서도 그는 말없이 혼자 내려가 버리고 만 것이다.

“얘, 좀 천천히 걷자.”

산 아래 물소리가 들리기 시작할 지점에서야 함께 만나 내가 한 말이었지만 그는 담배만 피워 문 채 웃고 있었다.

가을날 짧은 해가 서쪽으로 기울기 시작했다. 길가의 가을꽃들이 어둠에 묻혀 보이지 않을 즈음 어떤 마을 어귀에서 우리는 짐을 풀었다. 텐트를 치고 밤늦게 저녁 식사를 끝낸 뒤 셋은 약속이나 한 듯 곧바로 잠이 들었다. 마을 입구 정자가 있는 곳 바로 옆이었다.

날이 밝아 아침 텐트에서 나온 나는 짧게 비명을 질렀다. 우리가 머물렀던 자리는 수십 길 벼랑 끝이었던 것이다. 오싹 소름이 끼쳤다. 간밤에 우리 중 누군가 벼랑 끝에 선 몇 그루 나무를 큰 숲인 줄 알고 들어갈 생각이라도 있었다면 곧바로 낭떠러지로 떨어질 만큼 위험한 자리였다.

어둠이 그 위험을 감추고 있었던 것이다. 만약에 술이라도 마셨더라면 배뇨의 기미가 그 위험을 이끌었을지도 모른다. 전날 다행히 우리들의 배낭엔 술이 남아 있지 않았다.

그의 얼굴을 나는 살피고 있었다. 나의 놀람에도 무표정한 그였지만 간밤에 있었을지도 모르는 그 위험이 그에게서 비껴간 것을 나는 안도하고 있었다. 언젠가 그에게서 들은 이야기가 떠올랐기 때문이었다.

“공주公州에서 대학 다닐 때 어떻게 술을 많이 마셨던지 다리 난간에서 앉아 졸다가 그만 아래로 떨어져버렸다니깐. 다리가 높지 않고 물이 있어서 다행이었지. 허허허허."

지난날 그의 추락 경험을 웃음으로 넘길 일이 아니었다. 산에서 내려올 때 까맣게 내려다보이던 그의 모습이 벼랑처럼 먼 거리였다는 것도 이미 경험했던 일이었다. 이 자리 몇 미터 앞이 우리들의 운명을 바꿀 수 있는 문 앞이었다는 것을 깨닫는 순간 등줄기에 식은땀이 흘렀다.

십수 년이 흘러 그 마을 앞을 다시 지나게 되었다. 평온히 자리잡은 마을 어귀의 그 정자가 눈에 띄었다. 저렇게 고요한 풍경 안에 우리들 운명을 바꿀 수도 있는 함정이 있었다니. 수면의 나락奈落이냐, 현실의 추락墜落이냐가 극명하게 존재했던 그 옛날의 기억이 다시 한 번 등줄기에 찬바람을 지나가게 했다. 그때는 우리들 주변에 도사린 위험을 간만干滿의 차差로 잘 비껴갔건만, 수년 뒤에 그는 결국 그 운명의 문을 열었다는 사실 때문이었다.

사람마다 운명을 바꿀 수 있는 문이 있고 디뎌야 할 걸음이 각각 있겠지만 그는 어찌 그렇게 한 걸음 헛딛고 말았을까. 자신이 원하건 원하지 않았건 암시처럼 따라다닌, 추락墜落으로 마감한 그의 생애를 생각하면 두고두고 가슴 아픈 일이었다.

문득 억울하다는 생각에 저 고요함을, 저 평화로움을 손으로 뒤적거리고 싶은 충동이 일었다. 그것은 살아남은 자의 이유를 알 수 없는 울분이었다.

먼 이별

코스모스가 피었다. 얼마 전까지 듬성듬성 한둘 피어 있던 꽃들이 어느새 무리를 지어 흔들리고 있다. 푸른 하늘이 눈부시다. 맑고 시린 빛이면 햇살이 아니더라도 저렇게 눈부신 것인가. 큰바람이 지날 때마다 일렁거리는 꽃들의 율동을 바라본다. 코스모스 꽃이 피었구나. 가볍게 쉬어보는 한숨과 함께 기억 저편의 노래가 가슴에 비수를 꽂는다.

코스모스 꽃이 피니
가슴은 뛰고
가을하늘처럼 먼 이별에도
어깨를 짚는
다정한 사람아

이별은

나누어 가지는 것이지만

새로 난 길을 서로 다르게 걷는 것

어둠의 깊이에서

손길을 놓는 것이지

잊지 않은 그의 시구다. 그해 어느 날 그로부터 받은 엽서 한 장, 간결한 문장이었다. 마음대로 움직일 수 없는 자리로 그가 멀리 떠난 뒤, 나는 그 자리에 남아 간단치 않은 외로움에 상심하고 있었다. 이성적인 판단보다는 감성이 앞서, 쌓이는 고통을 억제할 수 없었던 나날이었다.

그 고통이 분노로 변하기도 했다. 급기야 그에게 떼를 쓰듯 편지를 썼고 편지의 사연마다 내 감정을 합리화하기에 급급했다. 그에게 가까이 갈 수도 없었고 그가 쉽게 돌아올 수 있는 것도 아니었는데 나를 팽개쳐 두고 있다는 불만만 쌓아가고 있었다. 꽃이 피는 봄날 시작된 원망이 가을이 되기까지 계속되었다. 그가 떠난 뒤 혼자 남아 겪어야 했던 고통이 모두 그의 책임인 양 나는 그를 괴롭히고 있었던 것이다.

그러던 중 그가 보내온 엽서 한 장이었다. 그 이별의 의미가 우리에게는 무엇이었을까. 고통과 상흔을, 세상 사람이 누구나 한 번쯤 겪고 살아야 했을 갈등처럼 애써 외면하고 있는 그의 마음을 결코 이해할 수 없었다. 나는 이리 지쳐 있는데, 나는 이렇게 혼자 서 있는데……

담금질을 거듭하며 홀로 서기를 할 수밖에 없었던 나도 그에게 마지막 작별을 고하는 편지를 썼다. 오기 섞인 답장이었다.

> 창가에 나뭇잎이 흔들리고 있습니다. 가을바람에 흔들리는 그 모습이 슬퍼 보입니다. 당신의 마음을 진정 알고 있으면서도 나의 길을 외따로 걸어야 한다는 이 각오가 견딜 수 없이, 견딜 수 없이 아파지네요. 언젠가 후회 없는 마음으로 세상을 바라볼 수 있어야 하겠기에 이제 당신의 손을 놓을 수 있을 것 같습니다.
>
> 이렇게 상처받은 마음 혼자 어루만지기에는 내게 남은 외로움이 너무 처절합니다. 그러나 이젠 누구에게도, 그 어느 누구에게도 호소하지 않을 사랑은 이제 땅속 깊이 묻어버리겠습니다.

내 결별의 각오를 그는 어떤 마음으로 받아들였을까. 어린 나이에 치를 수 있는 가소로운 정열이며 열병쯤으로 생각하고 가볍게 흘려버렸을지도 모른다. 그러나 그가 나로 인해 고통에 몸부림치는 모습을 상상하기도 했고, 벼랑 끝에서 무너져 산산이 부서지는 것을 기대하기도 했다. 그렇게 흔들리다가 냉정함을 되찾을 때면 혼자임이 너무 싫었다. 지난날이 너무 아름다웠다는 것도 참을 수 없는 고통이었다. 혼자 이렇게 아파야 한다는 것이 억울하다는 심정뿐이었다.

그러나 모든 것이 끝나버렸음을 알고 있었고 그를 놓아 보내야하는 것이 진실임을 나는 알고 있었다. 그렇게 치르던 홍역, 상처를 가슴에 담아두기까지 세월은 더디 흐르기만 했다.

세파는 우리들을 예전의 자리에 다시 두지 않았다. 자기 자신은 주연이었고 나머지는 모두 조연이었을 관계를 지니고 제각각 길을 걸었다. 가을하늘처럼 먼 이별이었을지라도 더러 해후의 기대나마 지니고 살았을 터인데 우리들의 만남은 더 이상 이루어지지 않았다.

그러면서도 그가 내게 보낸 짧은 문장을 나는 잊지 않았다. 그에게 보낸 내 마지막의 언어도 잡기장에 베껴져 그대로 남아 있었다. 마치 뒷날, 이별을 확인해 준 증명서처럼.

그러나 이제 그가 조용히 미소짓는 모습이 보인다. 나의 분별없는 정열을, 소나기가 그친 뒤 풍경의 투명함처럼 아픔이 스러지기를 비는 간절한 그의 기원이 보이고, 상처를 다독이는 손길이 보이기도 한다. 단 한 마디 말도 남기지 않은 채 앞을 향해 걷는 그의 뒷모습, 그의 말처럼 어디론가 숨어버린 뒤의 어둠이 보인다. 이제는 한때의 내 슬픈 오기만 부끄러운 흔적으로 남아 있을 뿐이다.

올해도 변함없이 코스모스 꽃이 피어 흔들리고 있다. 흔들리는 꽃을 바라보는 마음이 하늘빛처럼 시리고 차다. 그렇게 쌓아둔 세월의 두께가 얼마인지조차 잊은 지 이미 오래다. 그를 잊고 살아온 세월, 가을하늘처럼 먼 차가운 이별.

이 가을이 외롭다. 차갑고 슬프다.

사랑은 아름다워라

가을이 깊어지기 시작했다. 육체적인 것보다 정신적 공허에 시달리는 군인이 되어 첫 번째 맞이하는 가을이었다. 모든 것들과 결별하고 그리움만 지닌 채 병영에서 맞았던 가을의 향기가 그렇게 즐기기 좋은 것만은 아니었다. 그러나 위계位階를 지닌 사람들은 각자 자기의 맡은 일에 바빴고 계절을 잊은 척했으며 나 또한 예외일 수 없었다.

어느 날 사령부에 출장을 다녀온 오후였다. 부대 울타리에 늘어선 포플러나무의 잎사귀가 성글어 가고 있었다. 이제 곧 서리가 내리겠지. 차라리 눈이 내렸으면 좋겠다는 생각을 하며 올려다본 하늘이 시리게 맑았다. 티 없이 맑은 것이 주는 우울함이기도 했다. 퀀셋막사 사무실을 들어서는데 평소와는 다르게 모두의 시선이 내게 쏠려 있었다.

(?)

이상한 느낌이 드는 순간 사무실 판자벽 앞 의자에 조용히 앉아 있는 사람이 눈에 띄었다. 군대 사무실에 전혀 맞지 않은 보라색 벨벳 옷차림을 한 여인이었다. 챙이 둥근 모자에 어깨에 둘러진 망토 깃까지 똑같은 보라색 벨벳이었다.

그 먼 곳, 강원도 원주 땅에 나를 면회 오신 큰누님의 모습이었다. 누님이 오시다니, 전혀 생각지도 않았던 누님의 모습을 본 순간 다리에 힘이 풀렸다. 기쁨보다는 알 수 없는 아픔이 가슴을 스치고 지나가는, 오랜만의 상봉이었다. 위병소에서 부대 안까지 모시고 왔다는 누군가의 목소리가 상기되어 있었다.

나이 든 인사계 홍 상사가 흘금흘금 누님의 모습을 곁눈질하고 있었다. 가당찮은 눈빛이라는 생각이 들었지만 어떤 품위를 훔쳐보는 것이 분명했다. 기품 있는 자세로 앉아 있던 누님이 나를 보고 일어섰다. 조용한 동작이었다.

가을 어둠이 일찍 내려왔다. 군사 도시의 불빛이 졸기 시작할 무렵 누님은 서울행 고속버스에 몸을 실었다. 예고도 없이 불쑥 막내 동생을 찾아왔다가 돌아서는 그 마음은 어떤 것이었을까. 별로 전망 있어 보이지도 않는 사업 때문에 머물러 있어야 하는 서울이 누님에겐 무료하고 힘든 공간이었음이 분명했다. 힘든 시간을 도피하듯 찾아왔다가 그렇게 돌아서는 누님의 발걸음은 무거워 보였다. 스쳐가는 사람마다 한 번쯤 뒤돌아볼 만큼 누님의 모습은 아름다웠지만 행복해 보이지는 않았다. 그 쓸쓸한 배웅 뒤에 부대로 돌아오는 시내버스 차창에 나는 기대어 앉았다. 스쳐가는 가로등 불빛이 졸고 있었다 가슴에 조용히 노래가 흐르기 시작했다.

언제부턴가 가족끼리 모여 작은 파티를 자주 열었다. 인생이 즐겁다고 소리칠 시대도 아니었건만 남매들이 모여 앉기로 한 날이면 이웃 친지들도 더러 합석을 하여 아래채 장방에서 밤을 새우곤 했다. 내가 튕기는 서투른 기타 반주에 합창도 하고 춤을 추기도 했던 그 시절이 사실은 삶의 애환을 이기는 우리 집의 적절한 가풍이었는지도 몰랐다. 취기 탓이었을까. 먼저 큰누님의 눈에 물기가 돌기 시작하면 덩달아 어머니도 우셨고 형수들도 울었다. 애써 외면하는 형들의 얼굴 표정에도 그 우수는 담겨있었다. 울음바다가 되지는 않았지만 그래야만 속 시원했을 우리들의 감정이었고 파티 때마다 빈번히 이어지는 그러한 수순을 아무도 탓하지 않았다.

〈사랑은 아름다워라(Love is a many splendored thing)〉

어느 날 누님이 부른 노래였다. 영화 모정慕情의 주제곡이었다.

> 사랑은 아름다워라
> 이른 봄 꽃피는 사월의 장미꽃처럼
> 사랑의 행복을 꿈꾸며 단둘이 속삭이던
> 추억의 그 언덕 위에
> 아, 애타는 내 가슴

청춘도 사랑도 누님에겐 진정 아름다운 것이었을까. 강원도 낯선 도시에 막내동생을 두고 돌아가는 누님의 뒷모습에는 아름다운 사랑과는 거리가 있는 쓸쓸함이 배어 있었다. 내 심상의 언저리가 아닌 누님이 언젠가 불렀던 한숨 같은 노래가 왜 생각났는지 모를 일이었다.

우리 모두 지워야 할 아픔이었으며 감추어둔 자존심의 시대이기도 했던 그때의 한숨. 누님에게 존재한 가슴 저미는 비망록은 어떤 것이었을까. 삼십 년이 훨씬 지난 지금도 그때 누님의 뒷모습에서 느꼈던 서늘한 아픔의 노래를 나는 기억한다.

지성이 스며 얼음처럼 차가운 사랑이 아름답다 말할 수 있는 것. 이 노래는 사랑만 말한 것이 아니다. 회상의 슬픔이 묻어 있는 노래다. 지금도 누님의 얼굴에 남아 있는 우수가 싫지 않으며, 물기 어린 눈으로 불렀기에 아름다웠던 노래가 가슴을 적신다. 그렇다. 사랑은 아름답다. 우리 인생에서 뒤돌아본 사랑. 아아, 사랑은 아름다워라.

김웅 선생

작은형수가 신문을 보고 계시는 아버지께 조용히 말씀드렸다.

"아버님, 김웅씨가 출소했답니다."

"김웅이가?"

신문을 보시던 아버지가 고개를 드셨다. 순간 아버지의 눈에 알 수 없는 연민의 빛이 스쳐 지나갔다. 아버지는 조용히 담배를 피워 입에 무신 것뿐, 더 말씀 잇지 않으셨다. 내가 한 번도 들은 적 없는 이름에 아버지의 긴 한숨과 함께 눈빛에 물기 스치게 한 그 주인공은 누구였을까.

며칠 후 작고 깡마른 사내 하나가 집을 찾아와 아버지께 큰 인사를 올렸다. 튀어나온 광대뼈, 쑥 들어간 두 눈에 깊은 시름이 서린 듯한, 조심성이 있는 몸가짐이었다. 아버지나 그분이나 만감이 교차하는 얼굴이었다. 목이 메어 아버지는 말문조차 쉽게 열리지 않으신 듯했고 그분은 죄인처럼 고개를 떨구고 있었다. 그것이 내가 처음 본 김웅 선생의 모습이었다.

어머니로부터 듣게 된 김웅 선생의 이력이 '그놈의 사상 때문에 아까운 젊은이 하나 버렸다.' 는 지극히 간단한 것이었다. 어머니로서는 애간장 다 녹아 버린 '김웅의 어머니' 에 대한 연민이 더 앞 서 있었다. 아들의 입산, 체포, 수형 생활의 긴 세월 중에 겪었을 피눈물 나는 모성애를 같은 어머니로서 공감하고 계셨던 것이다. 서둘러 선생이 수감 중에 써서 《신동아新東亞》지誌에 당선되었다는 논픽션 〈벽과 인간〉을 찾아 읽었다. 그때 나는 중학생이었다.

어쨌든 그분이 시를 써 온 분이고 아직도 끊임없이 습작 생활을 하고 있다는 것을 안 나는 기회 있으면 그 댁을 찾았다. 선생도 물론 아버지께 자주 들르는 편이었다. 아버지의 원고 정리를 도와주시기도 했고 가끔 인사차 온 적도 있었다. 선생은 문학에 대한 동경을 가진 것만으로도 어린 나를 친구처럼 대해 주셨다. 그 무렵 고등학교 때 학급 친구들과 미숙한 솜씨로나마 문우회 동인지를 만들고 있었던 내게 써 준 축시祝詩가 있다.

녹색의 행렬

내 안에서
파아란 잎들이 걸어나온다

녹색의 흐름이 되어

강으루 무여
바다로 넘실거리며

밀림처럼 우거진 잎새들 속에
섬인 양 고독한 꽃들이 핀다.

파아란 숲 속에서
두견새처럼 고독한 음악이 흐른다.

파아란 초원에
피어나는 언어들

파아란 행렬 속에서
이우는 꽃잎과
흩어지는 낙엽들

내 밖으로
파아란 잎들이 흘러나간다

선생은 잠깐 모 학교에서 불어를 가르치기도 했다. 그러나 그것도 잠시, 기관의 압력으로 교단을 내려와야 할 수밖에 없었다.

"나는 내 사상에 대한 값을 치렀다. 이 두 손을 보라. 이 두 손으로 무엇을 할 수 있게 이 세상은 존재하는가?"

서슬 퍼런 기관원에게 두 손을 내비치며 절규했다는 이야기를 나는 간접적으로나마 들어 알고 있었다. 선생이 서야 할 착륙지는 빙토였던 것이다.

20여 년 해묵은 나의 낡은 잡문 철엔 지금도 선생이 쓴 시가 몇 편 기록되어 있다. 선생의 첫 시집 《깃발 없이 가자》에 실린 시편들은 그때의 설 곳 없는 심경을 노래한 것들이다. 나는 그 절규를 그때 듣고 있었다.

착륙지

신이 없는 영토라도 좋으니
이제는
발을 딛고 내려서야겠다.

빈 시공을 핀 장미꽃
빈 공간에 서 있는 해바라기도
이제는 단단한 지곡에 뿌리를 내리고

조감도의 거리를 질주하던
무섭고 무서워하는 아이들도
이제는 고국에서 시민증을 받아야 할 때

동서를 울어 예는 비둘기
궁륭을 누비는 제트기도
함께 착륙하는 대화의 광장

뼛속 깊이 파편이 지나간 상흔
가슴 깊이 객혈이 지나간 공동
태양이 없는 영토라도 좋으니

이제는
발을 딛고 내려서야겠다

선생이 딛고 서려 한 땅은 선생의 의지조차 이해해 주지 않은 듯하다. 옥천다리 건너 임대한 논밭에 토마토와 채소 등을 재배하셨던 선생은 이미 영농에도 실패를 거듭하고 있었다. '리어카' 에 담긴 애환의 시구가 쏟아져 나온 시기였다. 그런 몸부림은 몇 해 계속되었다. 그러면서도 문학에 대한 선생의 정열은 우리에게 커다란 힘이 되었다. 1969년, 당시 '물레방아 글모임' 이란 작은 모임을 만들었던 우리는 선생을 고문으로 모시고 문학에 대한 열정을 지도 받고 있었다. 그 창립기념 시화전에 전시했던 선생의 시가 〈무위경〉이었다.

무위경

나는 0을 향해 걷고 있었다.
꽃이 핀다 + 1 = 0
새가 운다 − 1 = 0

물레방아가 돈다 × 100 = 0
찔레꽃이 핀다 ÷ 100 = 0
실연 끝에 소녀가 자살을 했다. ±100 = 0

'론놀' 이 쿠데타를 일으켰다. + 1 = 0
'시아누크' 가 망명 정권을 세웠다 − 1 = 0
수백만의 비둘기가 행진을 했다 ÷ 100 = 0

달이 뜬다 + 눈물 = 0
소쩍새가 운다 + 슬픔 = 0
나는 0을 향해 걷고 있었다.

이 시는 시화전 전시 기간 동안 커다란 논란을 일으켰다. 기호를 삽입한 난해한 시라느니 시상보다 사상을 생각해야 하느니, 그의 과거가 어쨌고, 오이 장사가 어떻고 하는, 문학을 이해하는 듯 이해하지 못한 공론에 나는 시달렸다. 작은 방명록을 놓고 다방 한구석에서 앉아 있는 내게 그 질문은 쏟아지기 마련이었지만 그 전시회는 작품을 감상하러 온 사람보다는 별 하릴없이 들랑거리는 다방 단골손님들이 대부분이었다.

비둘기란 말만 나와도 곱지 않았던 시선, 그 냉정한 시각과 무지한 예술 감각에 우리는 실망하고 있었다. 선생의 느낌도 그러했을 테지만 우리의 문학에 대한 정열조차 냉대해 버린 내 고향의 옛 풍토를 나는 지금도 슬프게 생각하고 있다.

"선 군의 시에는 비애가 있어요."

비애이기보다는 감수성 예민한 문학 지망생의 미숙한 독백이었지만, 감상에 치우친 작품일망정 선생은 언제나 부드럽게 평해 주곤 했다.

"자연과학 공부를 많이 해요. 시를 쓰는 데 도움이 될 겁니다."

자연을 사랑해야 하고 사랑을 깨달음으로써 시는 아름답다는 선생의 말씀이었다.

내가 문학에 대한 정열도 팽개쳐 버린 후 군에 갔고 그 군을 제대해서 교단에 서기까지 제법 긴 세월이 흘렀다. 그 사이 간간 찾아뵐 기회가 있었지만 선생의 생활은 조금도 변화가 있어 보이지 않았다. 선생의 시 〈귀거래사〉도 〈속 · 귀거래사〉도 내가 주관했던 몇 번의 시화전에 발표된 시였다. 그러나 고향은 그런 안식과는 거리가 멀었다. 가장으로서, 아버지로서 새 인생에 대한 설계조차 장밋빛이 되지 못했던 장벽은 무엇이었을까. 그 고난의 굴레를 벗어나지 못한 것이 안타깝기만 했다.

사랑하고 믿어 온 땅의 순리도 인간의 정리도 적응하기 어려웠는지 결국 선생은 고향을 떠났다. 내가 근무했던 학교에 1학년 학생이었던 선생의 딸도 아버지를 따라 전학 서류를 떼었다. 얼마 후 서울로 떠난 선생으로부터 받은 장문의 편지에는 새로운 생활에 대한 눈물겨운 각오가 새겨진 것이었다. 1979년의 일이었다.

고향은 왜 그를 너그럽게 품에 안아주지 않았을까. 고향에서조차 설 자리 없었던 외로움, 그 절망과 좌절을 견디기 어려워 떠나야 했던 선생의 눈에 비친 것은 무엇이었을까. 이데올로기의 희생양이 돼 버린 선생의 이마에 남은 것은 상처받은 흔적의 주름살뿐, 그 역사의 어두운 그림자를 훈장처럼 끌어안고 살아가기엔 벅찬 세파였을 것이다. 그 속에서 선생은 지친 듯 떠밀려 살아왔는지 모른다.

"나는 그래도 희망을 버리지 않소."

잘 들리지도 않는 전화 수화기 저 먼 밖에서 얼음을 밟듯 조심스런 선생의 목소리였다. 어느 해 서울에 갔을 때 전화로만 20여 분쯤 긴 대화를 나눈 끝이었다. 선생과는 그 대화가 마지막이었다.

이제 갑자기 듣게 된 부음에 내 마음은 지극히 착잡하다. 선생이 버리지 않았던 희망, 그 희망이 선생의 영혼을 편안히 잠자게 했을 것 같지는 않다는 생각이 그저 우울할 뿐이다.

'꿈처럼 살다 죽는다.' 는 덧없음도 어울리지 않는 선생의 생애였다. 고난을 끌어안을 수밖에 없었던 격동기의 지식인, 사과 상자를 놓고 시를 쓸 수만 있어도 행복이었을 노년의 그 모습을 이제 볼 수 없음은 애석한 일이다. 그러나 그 행복 이전에 희망을 갖고 살아야 하도록 역사의 수레바퀴는 아직도 질곡을 구르고 있고 남아 있는 사람들이 지고 가야 하는 짐은 이리 무겁기만 하다.

모처럼 창 밖 야산 등허리를 보니 기운 해에 억새꽃이 투명하다. 그 억새처럼 질긴 역사를 질긴 야생초처럼 견디어 오다 떠나 버린 선생이 이제 비로소 리어카를 손 놓고 편히 쉴 수 있기를 나는 빈다. 차라리 넉넉한 품으로 받아들인 선생의 한도 그 희망처럼 그렇게 맡겨 버린 것이었을까. 선생은 지금도 '무위경' 을 향해 걷고 있는지 모른다.

바람

그.

생각하기로는 가을날 가슴 스치는 바람 같은 사람.

"나 몹쓸 사람이지?"

"……."

그의 얼굴을 끌어안고 그의 귀에 대고 한 말.

그의 뒤에서 그가 모르게 서 있다가, 그가 탄 차를 망연히 서서 보냈다. 그런 이후 몇 날을 울적해했고 온갖 상상의 대화 속에 파묻혀 지냈다. 환상은 어지럽다. 정염은 싸늘하다.

아아, 몹쓸 나인가. 바보 같은 나지.

바람이 분다. 은행나무 아래 벤치에 앉아 무심히 지는 잎을 바라보면서 나는 오랜 시간을 앉아 있다. 더러 사선을 그으며 담 너머 멀리 날아 사라지는 잎사귀들. 푸른 하늘에 보색을 이루어 명료하게 반짝이다 떨어진다. 티끌처럼.

벤치의 끝에 머리를 기대어 하늘을 올려다본다. 하늘은 저리 높아 망망하다. 마치 우주의 한복판에 혼자 서 있는 듯 착각에 빠진다. 구름 한 점 없는 하늘빛이 날 선 비수 같다. 티 하나 없이 너무 말짱하여 아프다. 저 빛이 왜 아픈가. 나는 그 빛에 다쳐 마음속 피를 흘린다. 끝이 없구나. 사랑은 아픔을 지닌 채 저 푸른빛을 닮아 저렇게 아득하고 멀리 있구나.

그러나 이렇게 혼자 앉아 있다는 것이 또 한편으로 행복하다. 공존할 수 없는 사랑을 혼자서 차분히 끌어안는 이 달콤한 서러움.

바람아 불어라. 마음속으로 나는 외친다. 이 해묵고 어둡고, 슬픈 사랑을 활활 날려버릴 수 있도록. 티끌처럼 날릴 수 있도록 바람아 불어라.

이따금 불어오는 바람이 텅 빈 가슴을 그냥 스치고 지나간다. 그러면서도 나를 놓아주지 않는 바람.

멀리 빌딩의 꼭대기에 깃발이 나부끼고 있다. 무엇을 생각하며 매달려 있는 것인지 파닥거리는 소리가 들린다. 울며 떠는 것이 내 부질없는 정염을 닮았다. 바람에 저렇게 깃발이 나부끼고 이렇게 잎들은 지는데 나는 그 앞에 화석처럼 굳은 부끄러운 사랑 하나 주체 못하고 있다.

저 하늘을 닮아 아픔의 끝은 있지만 사랑의 끝은 없는 것인가. 아니면 사랑의 끝은 있어도 아픔의 끝은 없는 것인가.

나는 속삭인다.

"날 어쩌란 말이냐."

"……"

가슴 스치는 바람 같은 사람. 그의 체취가 현기증을 일으킨다. 내 환상 위에 잎사귀가 떨어진다. 깃발이 파닥거린다.

성냥

방 안에 드니 공기가 눅눅하다. 여름부터 내내 불 끼 하나 들지 않았던 방에 한 번쯤 걷어내야 할 습도가 구석구석 배어 있다. 묵은 책에서 끼쳐오는 냄새, 그런대로 잘 정돈된 나만의 공간에 그 냄새가 평소에 싫지는 않았다. 그러나 얼마 전 하루 내내 가을비가 내린 뒤, 뒤창 쪽으로 빗물이 든 모양이었다. 책 냄새에 퀴퀴한 습기가 더해졌는지 며칠 동안 방 안의 공기가 썩 상쾌하지 않다.

방문을 활짝 열어젖힌 뒤 촛불을 켜기 위해 성냥을 찾는다. 방 안의 명도를 조절하려는 뜻이 아닌, 습도와 냄새를 없애기 위한 것이다. 날개 달린 사자가 그려진, 눈에 익은 성냥갑을 찾아들고 불을 긋는다. 그러나 이 성냥이 언제부턴가 불길이 쉬 일지 않고 있다는 것을 나는 알고 있다.

몇 년 전, 형님이 시작한 작은 사업 때 사람들이 사서 들고 온 것 중의 하나다. 불처럼 일어나라는 뜻이었는지 당시만 해도 개업 집에 의례로 사들고 갔던 것들이 양초와 성냥이었다. 큰집 작은집, 온 집안이 얼마간 쓰고 남을 만큼의 양이어서 나누어 갖고 왔지만, 기억하기엔 조금 우울한 소품 중의 하나다.

(불같이 일어나?)

불같이 일어나지도 않았으면서 불같이 일어나라는 의미를 가진 것이라니. 생각이 거기에 미치자 불쑥 울화가 치민다. 형님의 사업은 시작과 동시에 자금난에서부터 시행착오에, 경험부족의 벽에 부딪친 고전의 연속이었다. 불같이 일어나기는커녕 아까운 경제적 손실만 입은 채 결국 실패의 종지부를 찍었다. 생전 장사라고는 해본 적이 없는 집안 내력에서 일탈한 대가의 쓴맛을 톡톡히 본 셈이다.

법 없이도 살 수 있다면 거짓말이고, 법이 있어야 오히려 살 수 있는 천성을 지닌 형님의 사업실패는 어찌 보면 예정된 것이었다. 어디 그 일뿐인가. 그 형은 어찌 그리 복도 없나 하는 생각이 들 정도로 평생을 지고 가야 할 삶의 그늘이 많은 분이었다. 주위에서 그 그늘을 조금도 덜어줄 수 없다는 것이 더 가슴이 아플 뿐이었는데도 형님은 평소에 조금도 그런 내색은 하지 않았다. 흔히들 말하는 사주팔자 때문인지, 아니면 천성이 남 못할 짓 한 번 못해본 선불여악善不如惡의 대가인지 정말 모를 일이었다.

이 성냥갑이 무엇 때문에 여태 이 자리에 있나 하는 오기가 생긴다. 더군다나 불길이 쉬 일지도 않으니 마찰에 의한 인화성조차 한때 지녔던 주부呪符의 의미와 함께 희미해져버린 것인가.

이 성냥개비들을 한꺼번에 불질러버릴까? 그것도 거칠게 말해 싸

질러버리고 싶다는 생각이 일어난다. 한 개비의 불꽃이 아니라 한꺼번에 확 일어나 불꽃을 피운다면 형님에게, 아니면 우리 모두에게 좋은 일이 일어날지 모른다. 정히 그것이 아니라도 좋다. 지금 이 순간 이 성냥갑의 모습이 보기 싫은 것이다.

갑자기 생각난 듯 성냥갑을 든 채 밖으로 나온다. 가을이 깊어 밤기온이 싸늘하다. 감나무 아래에 낙엽들이 발에 밟혀 바스락거리는 소리를 낸다. 그 잎들을 손으로 쓸어 화단 한쪽에 오붓하니 모아놓고 성냥을 긋는다. 불길은 여전히 쉽게 일지 않는다. 그러나 기어코 이 성냥으로, 이 성냥으로만 불을 붙이고야 말겠다는 오기를 마음속에 심는다. 불이 안 붙는 성냥개비는 그대로 던져버리고 자꾸 다른 것을 집어 긋고 또 긋는다.

겨우겨우 인 불길을 종이 쏘시개에 옮겨 붙인다. 문득 성냥을 태우기 위해 성냥을 긋는 내 모습을 생각하니 자조 섞인 웃음이 터진다. 살짝 덮은 마른 잎에 불이 옮겨 붙는다. 토독 톡, 잎이 타며 냄새가 퍼지고 잠시 작은 불기운이 얼굴에 전해져 온다. 불길이 더 커지길 기다려 그 위에 성냥개비가 가득한 성냥갑을 올려놓는다.

잠시 후에 일어날 모닥불의 반응을 기다린다. 너희끼리의 인화가 한데 뭉쳐 폭발해 주렴. 어딘가 보이지 않지만, 풀리지 않고 매어 있는 어두운 매듭을 자폭하여 터뜨려 없애버려라. 하는 일마다 운수가 터져 이 가계에 지금 도사리고 있는 실직을 벗고, 병마를 쫓고, 한숨을 지우고, 그리고 조카의 말문 좀 제발 터지게 하렴.

쪼그리고 앉은 자세를 풀고 일어선다. 카운트다운을 하듯 침착하게 모닥불의 기체가 팽창하기를 기다린다. 인화성을 지닌 성냥개비들이 퍽하며 불길을 이룰 것이다. 그 충격을 대비해 모닥불에서 한 발짝 뒤로 물러서서 생각에 잠긴다. 절실하지 않아도 분명한 염원이다. 염원 그대로 만사가 이루어졌으면 좋겠다.

불길이 앞에 있는데도 문득 이마를 스치는 밤바람이 서늘하다.

육도삼략

책장마다 얼룩이 심한 책 한 권이 있다. 지질의 변화도 있겠지만 자세히 보면 지문의 흔적도 있다. 체취가 옮아 얻어진 곰팡이, 제법 가라앉은 세월을 닮아 그야말로 고서가 된 책이다.

상심으로 나날을 보내던 젊은 시절이 있었다. 눈에 보이는 것은 허허벌판뿐이었다. 막연한 기대조차 잃어버린, 혼돈 속에 혼자 서 있는 느낌이었던 70년대였다. 다분히 울분을 지닌 자격지심이었지만 어느 날 만나게 된 이 책은 그 상심을 이기게 해주었다.

병서《육도삼략六韜三略》

육도六韜는 삼천여 년 전 중국의 주나라의 문왕文王이 위수강가에서 낚시를 하고 있던 여상呂尙을 만나 그를 스승으로 모신 뒤 문답식으로 나눈 이야기가 주 내용이다. 뒷날 포악한 은나라의 주紂를 치고 천자의 위치에 오른 무왕武王의 아버지가 곧 문왕이다. 여상이 문왕을 만난 그때 나이 팔십, 큰 어른을 뜻하는 태공이 때를 기다렸다하여 태공망太公望, 또는 강태공이라고도 했다. 강태공이 설파한 사상과 경륜을 문왕이 겸허하게 받아들여 깨우친 것이, 후에 그의 아들 무왕이 천자에 오를 수 있게 된 밑거름이 되었음은 너무나 당연한 일이었다.

도韜는 동개, 곧 활과 화살을 넣는 주머니를 뜻하지만 깊이 감추고 나타내지 않는 수장收藏, 곧 병법을 뜻하기도 한다. 문도文韜·무도武韜·용도龍韜·호도虎韜·표도豹韜·견도犬韜로 구분한 여섯 편, 육십 장으로 이루어져 있다. 장마다 내포한 의미가 보통 사람들의 생각과 괴리되지 않아 읽는 재미가 크다.

삼략三略의 략略은 기략機略을 뜻하는 상 중 하 세 편의 간결한 병서다. 박랑사에서 진시황제를 저격하려다 실패한 장량張良이 우연히 황석공黃石公이라는 사람을 만나 얻게 된 병서가 곧 삼략이다. 이 병서의 도를 깨우친 장량은 결국 한나라의 유방을 도와 원수의 나라 진을 멸망케 하는 결과를 낳는다.

육도에 내포된 구체적인 주제는 인仁, 덕德, 의義, 도道이며, 삼략에 실린 내용은 노자의 영향인 정신적인 것이다. 두 책이 한 권으로 묶여 전해져 내려오는 동안 얼마나 많은 사람들이 그 진리를 독파했을까.

강태공처럼 때를 기다리는 많은 사람들이 노심초사, 이 한 권의 책에서 무기를 찾는다면 부질없는 짓이다. 이 책에서 배우는 인생의 참모습은 자기를 이기는 것에 있다. 군인뿐만 아니라 정치가나 사업가, 여타 조직 속에서 힘을 지닌 사람들은 오로지 승리가 목적인지 모른다. 그러나 싸워서 반드시 이겨야만 하다는, 승리만을 위한 수단을 이 책에서는 강조하지 않는다.

병법이란 전쟁 수행을 목적으로 하는 군인들에게만 필요한 것은 아니다. 동서고금을 통하여 많은 병서가 전해져 내려오고 있지만 이 책은 넓게는 국가, 좁게는 개인과 개인에 이르기까지 사람이 살아가는 세상사의 진리를 일깨워 주고 있다. 권세가 없어도 그 권세의 길을 아는 사람들이 세상을 관조하는 맛이 있는 법이다. 그 길을 길라잡는, 보통사람들이 읽어야 할 책이 바로 《육도삼략》이다.

그렇게 이 책에 새겨진 말들에 위안을 삼은 것이 어느덧 삼십 년 세월이다.

제4부

이랬었구나

목이 시리다.

잎사귀 하나 없는 나무, 나무는 옷을 벗었다. 떼지어 까치가 날아와 그 가지에 앉아 있다. 무슨 소식이 그리 많아서. 무슨 반가운 소식 전할 게 그리 많아서 까치는 저렇게들 앉아 있는 것일까.

아침 안개 때문인지 먼 산은 회색으로 지워져 보이지 않는다. 이제 정말 겨울이다. 아닌 게 아니라 강원도 어디서는 첫눈이 왔다던가.

무심코 뒤적여본 잡기장에 지금처럼 시린 날의 기억이 숨어 있다.

이놈이 이랬었구나.

그 옛날 만수가 먼 곳으로 이사를 한 날이었다. 그렇게 갑자기 이사를 가리라는 생각은 꿈에도 하지 않았다. 그저 무심히 어느 누구에게 전화를 해서 안 사실이었다.

"가버렸다구?"

그렇게 가버리다니. 가버린 사람이 지녔을 미련보다는 남아 있는 사람의 마음이 비장에 가까워진다. 그래도 몇몇 송별의 자리에 나와 손수건이나마 흔들었다고 했다.

전화한 김에 '나오너라. 한잔하자.' 했더니 그는 '씨름 보는 중이니 다음에 하자.' 며 거절했다. 맑지 않은 내 마음의 위안을 어찌 이 사람이 모른 척 할 수 있단 말인가. 한 잔 술, 알코올 성분에 의존할 수작酬酌 때문만은 아니라는 것을 정말 그는 모르고 있단 말인가.

힘없이 수화기를 놓았다. 날이 추웠다. 만수가 떠나버린 빈자리가 춥고, 총천연색 TV로 보는, 모래 튀는 씨름 경기가 먼저인 그의 거절이 추웠다.

마음이 추워 견딜 수 없었다던 그때 일을 나는 이렇게 우연히 다시 알게 되었다. 무심코 뒤적거린 잡기장의 글 몇 줄 때문이었다. 이놈이 내게 이랬었구나.

돌이켜 생각하면 이제 그런 일쯤 웃어넘길 수 있는 일인데, 그러나 웬일인지 웃음이 나오지 않는다. 그가 내게 그럴 수 있었다는 것을 나는 잊고 있었던 것이다. 나도 어느새 그 사람처럼, 그런 정도의 의미를 지닌 세상이라고 덜퍽덜퍽 살아온 모양이다. 그렇게 쉽게 살아온 모양이다.

나는 왜 그렇게 잘 잊고 사는가. 그렇게 살아야만 좋은 세상인가. 그렇게 잊고 사는 것조차 잊어버리는, 이 세상은 정말 아름다운 곳인가.

목이 시리다. 안개는 쉽게 걷히지 않을 것 같다. 물어올 좋은 소식도 없는데 가슴패기 하얀 까치가 운다.

외갓집 가는 길

낮은 야산을 옆에 낀 굽이진 길을 어머니와 함께 걷는다. 넓게 펼쳐진 논들, 지평의 끝은 멀다. 목덜미에 파고드는 한겨울 바람에 어머니의 명주두루마기 자락도 펄럭인다. 짙은 밤색이다. 어머니의 손을 잡고 걷는 내 얼굴에 이따금 옷고름이 스친다. 보드랍지만 싸늘한 감촉이다.

어머니와 함께 오후 내내 버스를 탔다. 창 밖 풍경들이 생소했던 첫나들이였지만 버스 안에서 나는 시종 겁에 질려 있었다. 벼랑길을 기우뚱거리며 달리는 버스가 넘어진다고 소리를 질러 어머니를 부끄럽게도 했다. 차에서 내려 걷기 시작한 뒤부터 가볍게 시달리던 멀미는 사라졌지만 뺨을 스치는 바람은 차갑기만 했다.

작은 마을이 눈에 들어오자 어머니의 걸음이 갑자기 빨라지기 시작했다. 마을 어귀 샘가에 있던 아낙네들이 화들짝 놀라 일어서는 모습이 보였다. 누군가가 달려나오고 누군가는 달음질쳐 차일遮日

쳐진 집으로 뛰어들어가고 있었다.

"에, 에엥."

어머니가 울음을 터뜨리셨다. 뛰어나온 사람들도 울고 있었다. 나는 영문을 몰라 어머니의 잡은 손길을 놓았다. 달려나온 사람들은 어머니를 에워싸며 얼싸안고 울고 있었다.

"서엉."

누군가가 어머니를 그렇게 불렀다. 짧은 상봉의 대화들이 축축한 습도를 지니고 있었다. 그렇게 뒤엉킨 사람들 곁에서 나는 멍하니 서 있을 수밖에 없었다. 차일이 쳐진 집에서 사람들이 또 달려나오더니 한바탕 울음바다는 계속되었다. 그들에게 이끌려 들어가며 어머니는 나를 잠시 잊으신 듯했다.

"야가 막둥이디어?"

문득 발견한 듯 누군가가 내 손을 잡아끌었다. 모두의 눈길이 내게 쏠렸다. 눈물을 씻은 웃음이 밴 얼굴들이었다.

겨울날 저문 풍경에 눈발이 비치기 시작했다. 샘 아래 미나리꽝으로 떨어진 눈송이들이 그대로 물이 되고 있었다.

어머니의 친정나들이, 몇 년 만의 상봉이었는지 반가움을 앞지른 눈물들이 지금도 울컥 내 가슴에 파장을 일으킨다. 전쟁 뒤의 격랑 때문이었는지 좀처럼 친정나들이를 하지 않으신 어머니. 모처럼의 상면이 그토록 진한 눈물로 녹아난 것을 이해한 것은 훨씬 뒤의 일이다. 외삼촌의 회갑이었던 그때의 잔치 분위기와는 전혀 다른, 눈물의 상봉 장면이 더 기억에 남아 두고두고 내 가슴을 누빈다.

그 뒤 어머니의 손을 잡고 다시 외갓집에 갔던 기억은 없다. 삶의 소용돌이 속에서 나들이가 쉽지 않았던 어머니 때문이었을 것이다. 다만 단 한 번, 다 큰 청년의 모습으로 찾아볼 기회가 있었다. 그러나 그때의 외갓집은 기억 속의 풍경과 하나도 맞지 않았다. 이끼 낀 마을의 샘터와 뒤뜰의 청청한 대밭, 볏가리가 쌓인 넓은 마당만이 옛날의 기억으로 남아 있을 뿐이었다.

눈물이 앞섰을 친정의 이야기들을 감추어 두고 사신 어머니. 평생 가슴에 지녔을 그리움을 내가 얼마나 이해할 수 있었을까. 어른들은 그렇게 한 세대를 살다 돌아가셨고, 동기간 중 마지막 혼자 남았다고 쓸쓸해하시던 어머니도 계시지 않는 지금, 외갓집 갈 기회는 더욱 멀어졌다.

그러나 가끔 김제金堤라는 말을 들을 때마다 어머니와 외가 친척들의 사랑이 슬프게 녹는 눈물들이 보인다. 바람에 휘날리던 명주 두루마기 자락과, 곧 있을 친정식구들과의 상봉 때문에 설레는 가슴으로 걸으셨던 어머니의 하얀 버선이 기억 속에서 선명해지는 것이다.

아직도 나는 일곱 살 소년으로 어머니의 손을 잡고 환영의 길을 걷는데 옛 모습 하나도 남아 있지 않을 지금의 외갓집 가는 길은 왜 이렇게 멀기만 한가.

촛불을 밝혀놓고

촛불 심지 부근에 촛농이 물처럼 고여 있다. 손수 만든 자줏빛 양초다. 8합심으로 만든 심지라서 불꽃이 썩 크지 않지만 촛농은 투명하게 녹아 있다.

그 안에 잠긴 티끌을 집게로 집어낸다. 가슴의 티끌을 집어내는 듯 내 손놀림은 진지하다. 정말 내 가슴의 티끌은 무엇으로 집어낼 수 있을까.

까닭 없이 지치는 밤이다. 커피도 진하게 두 잔의 양으로 마셨는데 머릿속이 상쾌해지지 않는다. 주변에 깔린 습도와 묵은 책에서 풍기는 냄새까지 함께 빨아들이며 촛불은 심지를 태우고 있다. 불꽃의 끝은 너울거림조차 없다. 고적孤寂이다. 묵묵히 촛불을 바라보는 나의 자세도 그 적막에 잠기기 시작한다.

벽시계는 9시 14분 26초에 멈춰 있다. 초침이 27초를 건너가지 않는 것이 건전지의 마지막 힘까지 완전히 소진된 모양이다. 시계 스스로 시간 흐르기를 멈췄지만 건전지를 다시 끼워 넣으면 그 생명의 끈은 이어질 것이다.

오래전 나는 군인이었다. 군의학교 의무병 훈련을 받던 어느 날 밤. 실험실 보초를 섰다. 군인들이 갖는 시간은 매우 절제된 것이지만 사실은 그 의미가 처절함에 가깝다. 사회생활과 격리된 채 홀로서기를 해야 하는 가장 절실한 인내심은 곧 시간과의 싸움이었기 때문이다.

날 따라 동초動哨가 아닌 실내 보초를 선 새벽시간이었다. 벽에 걸린 커다란 시계가 '똑깍똑깍' 소리를 내며 고요를 깨고 있었다. 자극적인 시약 냄새에 묻혀 나는 움직이는 초침의 흐름을 바라보고 있었다. 바늘이 1초로 건너뛰는 지극히 짧은 순간은 그때의 권태를 알맞게 이길 수 있는 속도였다. 고요함과 싸워야 하는 새벽 시간의 지루함을 잊게 해주는 응시가 잡념이 생길 겨를을 주지 않았다. 한 시간이 금방 지났다. 초침을 바라보는 동안 흘러버린 시간의 경과가 잠깐이었다. 놀라운 발견이었다.

내 시선은 초침을 따라 원을 그렸을 것이고 원 하나 그렸을 때 1분은 지났을 것이다. 열 개를 그렸다면 10분이 지난 것이다. 초침이 원을 그리며 되돌아왔다가 다시 나아가는 끝없는 반복을 바라보며 시간의 흐름을 완벽하게 잊은 것이다. 오로지 초침만을 따라간 시각이었지만 무료는 분명 아니었다.

시간이 뚝딱 지나가 세월의 한 틈을 메워버리면 얼마나 좋겠는가. 그러나 부정할 수 없는 엄연한 현실은 내가 군인이라는 점이었다.

시간이란 인식하면 인식할수록 더디 흐를 뿐이라는 생각이 든 것도 그때였다. 허덕이지 마라. 조바심하지 마라. 시간이 더디 흐르는 것이 아니다. 의지의 나약함 때문에 더디게 느껴질 뿐이다. 주어진 현실을 인식하고 너 자신을 잊을 수 있다면 거기에 또 다른 내가 보일 것이다. 나는 스스로를 자꾸 타일렀다. 잡념을 불러온 현실 밖의 모든 것들을 그때 비로소 떠나 보낼 수 있었다.

벽시계는 멈추어 원을 그리지 않는데 촛불은 시간을 태우고 있다. 투명한 농도로 심지에 스며 연기도 없이 소멸되고 있다. 문득 부질없는 사랑과 가소로운 명예와 같잖은 이利에 집착한 내 모습이 보인다. 가슴이 티끌로 남은 그 집착이 나를 부끄럽게 한다.

촛불처럼 자신을 태우면, 의식은 저 촛농처럼 투명해질 텐데. 저렇게 고요히 비등점 없이 끓을 수 있을 텐데.

그 옛날의 조바심처럼 세월은 정말 뚝딱 한 시절의 틈을 메워버렸다. 더디 흐른다고 느꼈던 시간은 이제 쏘아놓은 화살이 되어 함께 가자고 한다. 얻는 것보다 잃는 것이 많은 내리막길을 걸어야 하는 것이다.

속절없이 시간은 흘러 이 밤은 깊어간다. 방 안에 가득한 적요寂寥가 걷어내지 못하는 내 가슴의 티끌처럼 더 없이 무겁기만 하다.

수석 한 점

편지 봉투에 그린, 산 모습을 상징한 내 시그널 사인을 선배가 눈여겨본 모양이었다. 어느 날 작은 수석 한 점을 선물로 주는데 내 사인과 같이 산의 모습을 닮은 오석이었다. 좌대까지 손수 깎아 정성을 들여 만든 작품이었다.

그 수석이 상징하는 산의 의미보다 선물해 준 선배의 정성이 오히려 송구스러울 뿐이었다. 수석에 심취하신 분으로서 아끼는 후배에게 선물할 수 있는 작품을 직접 고르고 만들기가 결코 쉬운 일은 아니었을 것이다.

그런데 막상 그 작품을 받은 뒤 뜻밖의 고민에 빠지게 되었다. 집 안 곳곳을 둘러보아도 마땅히 어울리게 놓을 자리가 없는 것이다. 살아 움직이는 것도 아닌, 부동의 미를 지닌 수석 한 점 놓을 자리 찾기가 이렇게 어려울 줄이야 미처 몰랐던 일이었다.

물론 이런 일을 처음 겪는 것은 아니었다. 화분에 물도 제대로 줄

줄 몰라 식물 키우는 것조차 적잖은 부담을 느끼며 살고 있는 데다, 어쩌다 생긴 꽃송이라도 겨우 빈 커피 병이나 물컵에 대충 꽂아 놓고 자리를 찾기 위해 두리번거리기 일쑤였던 것이다.

원래 널려 있는 집기가 많은 탓인지 집안 장식을 별로 좋아하지 않는 편이다. 글씨나 그림 하나 벽에 걸려 있는 것이 없다. 달력 외에 아이들 어릴 때 찍은 사진이나 걸어 놓고 가끔 웃으며 바라보는 것이 고작이다. 교묘하고 아기자기한 장식에 집착을 하지 않는 것은 아내조차 나를 닮았던 것이다.

정적을 지닌 수석이 인공을 가하면 가치를 잃지만 분재는 오히려 그 반대가 된다. 수석에 인공미는 좌대에만 가능하다. 그러나 분재는 조경을 축소시킨 아름다움을 지닐 수 있도록 인공미를 곁들여야만 완상의 참맛이 있다.

그러나 나는 수석이나 분재를 욕심내지 않는다. 가꾸고 손질하여 생명을 부여할 능력이 부족한 만큼 그 아름다움을 보고 느낄 줄 아는 눈과 마음만 있으면 된다는 생각 때문이었다.

제자리에 있는 것들은 원래 아름답다. 작은 것은 작은 것 그대로 굳이 축소의 아름다움을 찾지 않아도 되는 것들이다. 그래서 아름다운 것에 대한 개념만 바꾸면 천하의 것이 모두 내 것인 양 생각해 왔다. 금강산 절경도 내 것이요, 울타리에 핀 탱자 꽃도 내 것이다.

그렇다고 선배가 보내 준 작품에 어찌 탐의 미련이 없을까 보냐. 내 집에 여백의 미가 전부인 양 장식을 외면해 놓고 그동안 없었다고 자부한 소유의 집착을 지금 새삼 확인하고 있지 않은가. 이젠 저 수석 한 점 내 것이 되어 공간 어딘가를 차지해야 한다. 꽃 한 송이나마 놓을 자리 찾는 것도 사실은 주변과의 조화 때문일 텐데 축소완상의 대표라 할 수 있는 수석이나 분재를 아무 곳에나 둘 수는 없는 노릇이다.

이 세상 사람들이 저마다 차지하고 있는 자리를 모르는 게 태반인데 하물며 부동의 수석 한 점 자리라니. 문득 서 있는 내 자리를 돌아보니 슬슬 부끄러워지기 시작한다.

개밥

그를 만날 수 있었던 날, 한잔 술 마셨던지 쓰러져 자는 모습만 보고 돌아와서 '너는 개밥 퍼지듯 퍼져서 자고 있었다.' 고 편지를 쓴 적이 있다. 퍼져서 잤다는 말은 누워 있는 신체가 가로로 늘어난 경우를 빗댄 말이다. 그러나 개밥에서의 퍼졌다는 말은 밥, 곧 곡식의 낱알이 '불어 커지다.' 라는 뜻이다. 서로 다른 뜻이었지만 하나의 의미로 차용하여 그에게 썼던 말이었다.

초청나들이를 나간 풍물 연주자들이 신명난 놀이가 끝나고 돌아오는 길에 차를 놓쳤다. 차가 닿는 곳까지 겨울날 차가운 들판을 걷다 들어선 어느 주막집. 연탄 화덕에 불길이 좋았던지 좁은 술청은 따뜻한 온기로 가득 차 있었다.

앉을 자리조차 없는 시골주막 술청은 한꺼번에 몰려들어온 사람들 때문에 더욱 좁아 보였다. 어둑한 형광등 불빛도 조는 듯했지만 오랜만에 들어찬 많은 사람들 때문에 술청은 활기를 띠기 시작했다.

주인 아낙이 우선 술 몇 되 퍼주고는 몸을 돌려 안주거리를 준비하고 있었다. 짧은 해에 빨리 찾아온 어둠 때문에 배들이 고팠는지 막걸리 몇 주전자가 순식간에 동이 났다.

연탄화덕에 놓인 찌그러진 냄비에 무언가가 팔팔 끓고 있었다. 뚜껑도 덮지 않은 커다란 냄비 안에 끓고 있는 것을 사람들이 한 번씩 들여다보았다. 김치죽이었다.

"냄새 사람 죽이네."

누군가가 중얼거렸다. 머리 안 뗀 멸치까지 넣어 국물 맛을 우려내려 했는지 냄비에 죽은 바특하게 끓고 있었다. 국물에 밥 좀 말고 묵은 김치 송송 썰어 넣어 자갈자갈 끓여 가지고 별미로 먹는 죽. 옛날에는 먹을거리가 적어 양을 부풀리려 쑤어먹는 게 죽이었겠지만 뒷날에는 그때의 향수를 자극하는 겨울철 별미가 된 그 김치죽이었다.

시조창에 단소의 명인인 ㅈ씨의 부인 ㅇ씨가 주인 모르게 숟가락을 들었다. 주인 아낙은 등을 돌려 도마에 동치미 무를 썰고 있었다. 그가 볼세라 살짝 한 숟갈씩 떠먹는 ㅇ씨에게 몇몇 사람들이 웃음 섞인 눈길을 보내고 있었다.

"슷."

누군가가 조심스럽다는 듯 이빨 사이로 숨 들이키는 소리를 냈다. 가벼운 제지를 뜻한 표현이었으나 한편으로는 즐기는 분위기였다. 그런 ㅇ씨를 위해 술청의 분위기가 좀더 떠들썩해졌다. 아무것도 모른 채 등을 돌리고 있는 주인 아낙이 눈치 채지못하게 하려는 공모의 배려였다.

주인 아낙이 안주가 담긴 사발들을 땟국이 흐르는 식탁 위에 놓고 또 다른 일을 하기 위해 몸을 돌렸다. 그 틈을 타 죽에 입맛을 빼앗긴 ㅇ씨의 숟갈질은 계속되었다. 한 숟갈 떠먹고 가만히 있다가, 또 한 숟갈 떠먹고 가만히 있고. 막걸리 한 잔보다는 죽 맛이 더 좋았던 ㅇ씨였다.

막걸리를 마시면서도 흘긋거리고 주인 아낙과 ㅇ씨의 모습을 지켜보던 사람들은 그 은밀한 공모에 젖어 킬킬거리고 있었다. 뜨거운 죽을 혀끝으로 굴려 어서 삼키려는 ㅇ씨의 모습 때문이었다.

주인 아낙이 할 일을 다한 듯 사람들 쪽으로 몸을 돌렸다. 그러기 전 ㅇ씨가 얼른 막걸리 판의 분위기로 돌아와 함께 떠드는 시늉을 하며 딴전을 부렸다. 주인 아낙의 속 좋아 보이는 순박한 미소와 ㅇ씨의 으스딱딱한 태도에 막걸리를 마시고 있던 사람들은 큰소리를 내어 떠들며 웃어대기 시작했다. 우리는 아무것도 모르는 일이노라, 분위기를 상쇄시키려는 듯한 웃음들이었다.

시인 ㅂ씨가 고개를 갸웃거렸다. 김치죽이 아무리 맛있는 냄새를 풍겼다 해도 냄비의 형색이 어딘지 모르게 이상하다는 생각이 들었기 때문이었다. 시골 주막의 세련되지 못한 그릇에조차 어울리지 않는 일그러진 냄비 꼴이 거기에 담긴 내용물을 아무래도 의심쩍게 했던 것이다.

"아주머니."

ㅂ시인이 주인 아낙을 불렀다.

"예?"

야릇한 분위기를 동감한 몇몇이 ㅂ시인의 동정에 주의를 기울이는 자세로 바뀌었다. 그래, 아무래도 뭔가가 이상해.

"지금 끓이고 있는 이게 뭐유?"

주인 아낙이 힐끗 냄비를 쳐다보았다. 그 순간 모두가 입을 다물었다. 그의 반응을 기다리는 듯한 짧은 정적이 흘렀다. 아낙은 아무것도 아니라는 표정으로 내뱉듯 말했다.

"개밥 끓이고 있소."

그 말이 끝나자마자 모두의 시선이 ㅇ씨에게 쏠렸다. 개밥이라니. 웃음들이 터지기 직전이었다.

오기

벽에 써 있는 그의 전화번호를 지운다. 벽면의 딱딱한 힘이 볼펜을 통해 손끝에 전해져 온다. 눈에 익어 절로 외워진 그의 전화번호. 내가 수화기를 들어 버튼 몇 개 누르면 그의 목소리를 들을 수 있을 것이다. 지금 이 시간, 이 순간이면.

그 확신을 나는 인정하고 싶지 않다. 이렇게 어지럽게, 촘촘히 원을 그려가며 덧씌우는 그 숫자가 그와 연결될 수 있다는 간단한 사실을 믿고 싶지 않다. 나는 그에게 절대 전화를 하지 않을 것이다.

방문 쪽 벽을 바른 도배지 위에 낙서처럼 휘갈겨 써놓은 전화번호들. 머릿속에 정돈할 수 없는 숫자들을 쉽게 인식하기 위해 써놓은 것들이지만 붉은색 사인펜으로 써놓은 그의 번호가 유난히 눈에 들어온다. 지워야지. 저 벽면뿐만 아니라 이 뇌리에 박힌 몇 개의 아라비아 숫자를 지워야 한다.

검게 지운 낙서 틈으로 붉은색이 돋아난다. 천천히 눈여겨보면 그

번호를 읽을 수 있다. 뇌리에 익은 탓인지 모른다. 아예 보이지 않도록 붉은 매직으로 덮어 다시 원을 그린다.

이런 안간힘, 이런 몸부림을 그는 모르고 있다. 그를 기다려 왔던 그 수많은 날의 고통이 보상을 원하고 있다는 것을 그가 안다면 좋으련만.

저 전화기를 통해 그의 목소리를 들을 수 있다는 기대를 버리지 않고 많은 시간을 보냈다. 비록 자주 만날 수 없다 하더라도 일주일에 한두 번이면 족했던 우리들의 대화가 점점 뜸해진 원인이 어디에 있는지 나는 모른다. 알고 싶지도 않다. 다만 내 전화번호를 분명히 알고 있는 그가 어떤 핑계를 가지고 있다한들 나는 그것을 인정하고 싶지 않을 뿐이다.

어느 날부터인가 아무런 동요도, 감각도 없이 저쪽 언덕에 그가 서 있다. 어디에 연연하고 있는지 그 무심함이 섭섭하고 슬프기까지 하다. 원망에 가까워진 마음이 그를 사랑했다는 이유 때문임을 나는 안다. 그 이유가 이렇게 명백하다는 것이 슬프다. 날 이렇게 내버려두다니. 정말 그는 나를 이렇게 내버려두어도 좋은 것일까.

시간이 너무 많이 흘러 그동안 참아온 인내의 시효가 지나버렸는지 모른다. 그러기냐? 너는 세상 살기 무엇이 그리 좋아서 이렇게 멀고 깊게 떨어져 있는 나를 내버려두고 있단 말이냐? 수화기를 들고 목구멍까지 치솟는 이 한 마디를 내뱉을 자신이 없다. 알량한 자존심인가. 많은 날의 기다림이 그런 자존심으로 저울질당하는 것은 싫다. 내 고귀하고 순수했던 사랑이 그에게서 잊혀졌다면 그것으로 끝이다. 비록 깊은 상처로 남을지라도 내가 서둘러 그 망각을 일깨우기가 정말 싫을 뿐이다.

그와의 인연을 송두리째 지울 수 있다면 차라리 좋겠다. 쉽지는 않지만 벽면의 그의 번호는 지워졌고 남은 것은 이 마음에 있는 사랑이라는 당의정에 포장된 그를 잊는 일이다. 남들은 아끼고 숨겨 쓰는 말이건만 잘도 풀어썼던 그놈의 사랑.

절대로 용서하지 않겠다는 오기가 솟는다. 사랑은 잊을 테니 오기는 남아라, 나는 불타는 오기 위에 기름을 붓고 있다. 행여나 사위지 않도록 활활 불길을 돋우어 다짐을 한다. 너뿐만이 아니야. 모두 다 떠나도 좋고 모두 다 나를 잊어도 좋다. 엉뚱한 비약이다. 그 슬픈 비약이 지금 이 순간 뜻밖에도 달콤하다.

그러나 마음 한쪽으로 감출 수 없는 미련이 있다. 지금 당장 그가 찾아온다면, 아니 전화라도 해준다면 이 원망은 봄눈 녹듯 사라질 터인데. 스스로를 쥐어뜯던 이 몸부림을 언제 그랬느냐 하고 잊을 수 있으며, 내게 무심했던 수많은 날의 격조를 지워버리며 소갈머리 없을지라도 기뻐할 수 있을 터인데.

길

아침부터 창 밖이 흐렸다.

(눈이 올라나. 저녁 때 찻집에 커피 좀 팔리겠다.)

그러나 종일 눈은 내리지 않았다.

오후, 창 밖의 잔뜩 찌푸린 하늘을 바라보고 있는데 전화가 왔다. 사귀고 있는 여자에게 사랑을 고백했다며 얼마 전 상기된 표정을 짓던 그였다.

“뵙고 싶어요.”

“그래.”

군에서 제대한 뒤로 언제나 미래에 대한 새로운 설계에 가슴 들떠 있던 그였다. 평소처럼 안부를 묻거나 아니면 ‘막걸리 한 잔 사주세요.’ 하던 활기가 없어진, 어쩐지 가라앉은 목소리였다. 심상치 않은 이유는 묻지 않았지만 여자 때문인 것을 직감했다.

주섬주섬 주변을 정리하고 약속 장소에 나갔다. 눈이 올지 모른다는 생각으로 이층의 유리창이 큰 찻집으로 약속 장소를 정해 두었다. 만약 눈이 내린다면 그것은 첫눈이다. 그 첫눈을 유리창을 통해서 바라볼 수 있다면 좋겠다는 생각이 들었기 때문이었다.

"그 여자와 관계는 깨끗이 청산했어요."

찻집에서 만난 그는 며칠 새 얼굴이 수척해져 있었다.

단신 외아들이라는 이유만으로 결혼을 반대한다는 집안의 분위기에 여자의 마음이 기울었다는 것이다. 사귄 지도 얼마 되지 않았고 여자의 마음조차 잘 모른 상태에서 사랑 운운했던 경솔함을 나무라고 싶었다.

"넌 사랑도 아닌 것을 사랑인 줄로 착각한 것 같다. 어차피 그런 문제조차 헤쳐내기 어려운 여자의 마음이라면 지금 정리할 수 있어 차라리 잘된 것 아니니?"

해 줄 이야기도 멋쩍어서 겨우 한다는 소리였지만 위로는 아니었다. 여자의 집안에서 상대의 가족 구성을 가지고 저울질을 했다는 것은 우선 남자의 자존심에 상처를 입힌 것이다. 더구나 여자의 마음이 그 저울에 눈길이 갔다면 두 사람의 사랑은 진정한 사랑이 아니라는 증거이다. 객관적으로 '꽤 괜찮은 젊은 녀석' 으로 알고 있는 나로서도 그가 받은 상처를 이해할 수 있었다. 다만 그가 받은 상처가 사랑이 아니라 자존심 때문이었다면 그 상처는 쉽게 아물어질 것임을 믿고 싶었다.

"너의 그 자존심을 회복할 수 있는 길은 진정한 사랑을 만나는 것뿐이야."

찻잔을 달그락거리며 말하는 동안 창 밖엔 비가 내렸다. 눈 대신 내린 비였지만 그것도 괜찮았다. 우리가 얘기를 나누는 동안 큰 유리창에 빗물이 얼룩져 흐르고 있었다.

뒤늦게 싸늘한 바람이 부는 거리로 나섰다. 어둠이 내린 거리에는 비도 그쳐 있었다.

"단순해져라."

바람을 안고 함께 걸으며 내가 자꾸 되풀이한 말이었다.

"저는 욕심이 많아요. 경춘이나 기창이에게 잘해 주시는 형님을 보면 질투가 나요. 그걸 다 내가 갖고 싶도록 저는 욕심이 많은 놈입니다."

여자와의 결별 이야기는 어디로 가고 음악도 없는 술집에서 우리는 마주앉아 있었다.

"그뿐인 줄 알아요? 은진이와 함께 가시는 형님을 여러 번 봤을 때 그때마다 얼마나 서글펐는지 알아요? 아, 나는 저 형님에게서 멀어졌구나. 저 분은 이제 나를 사랑하지 않는구나."

우연이었지만 내 움직임을 숨어 바라본 적이 있었다는 그의 마음을 이해했다. 형제 하나 없는 그에게 부모님의 사랑만이 전부가 아닌 갈증이 있었던 것이다. 사랑은 높낮이를 저울질할 수 있는 것도 아니라는데 그에게는 여자의 사랑도, 하물며 나 같은 사람에게서조차 사랑을 목말라 했구나.

"그 여자처럼 내 마음을 착각하지 마라."

졸지에 사랑을 퍼 담아 뿌리고 다니는 사람이 되어버린 내가 한 말이었다.

며칠 새 그는 걸핏하면 전화를 걸어왔다.

"나 못 견디겠어요."

"못 견뎌봐라."

내가 한다는 말은 겨우 그뿐이었다. 그가 어차피 건너야 할 고통의 늪은 있을 것이다. 말의 위로보다는 그의 심리에 편승해 주는 것이 좋은 일인지 모른다는 생각이었지만 어찌 보면 그의 넋두리는 내 마음을 확인하려는 어리광이기도 했다.

사랑이니 뭐니 안달복달하던 그도 나이 들어 아이들의 아빠가 되었다. 그가 내게 욕심 부린 사랑은 어디다 두었는지, 이제는 모든 것이 소원해진 현실을 나는 지금 측면에서 바라보며 생각한다. 어쩌면 젊은 날의 자디잔 정이었을 뿐, 자기만의 진정한 사랑을 간직하며 살고 있을 그를 이제 탓할 수 없다. 자기의 갈 길을 가며 세상을 바라본 눈이 그 욕심을 덜어냈을 것이므로.

"세상은 너에게 완벽한 것을 가져다 주지 않는다. 항상 부족한 것을 채우기 위해 인생의 길은 있는 거야. 그 길 가운데 사랑은 있는 거고."

그때 내가 그에게 해 준 말 중에서 그래도 멋지게 한 말이었다. 스스로 판단한 사랑을 간직하며 그는 자기의 길을 가고 있을 터인데, 섭섭하다는 생각을 결코 떨칠 수 없는 지금의 내 마음은 그 길 어디쯤 서 있는지 나 자신 알 수가 없다.

점

대나무가지가 하늘 높이 서 있다. 가지 끝 잎사귀는 이미 말라 버린 듯하다. 그 끝자락을 묶은 띠는 퇴색할 대로 퇴색하여 깃발처럼 펄럭이고 있다. 사주니, 운명철학이니, 무슨 보살이니 하는 간판이 버젓한 점집이다. 현대 과학이 첨단을 걷는 세상인데도 지난날의 판별이나 앞날에 대한 예언들이 호기심을 자극하고 있다. 과학에 근거를 둔 합리적 사고를 비웃기라도 하듯 골목마다 점집도 흔하다.

날이 추웠다.

버스에는 우리뿐이었다. 여자 셋은 친구들이었지만 남자 셋은 각기 터울이 있는 선후배 사이였다. 아직 포장이 되지 않은 한적한 시골길을 달리는 낡은 완행버스 차창 틈으로 찬바람이 들어왔다. 차창 밖은 눈이 내리고 있었다.

뒷자리에 혼자 앉아 있는 선배의 표정은 뭔가가 심각했다. 평소 피우지도 않았던 담배까지 입에 문 것도 어쩐지 어색했다. 통로를 두고 같은 줄에 앉은 여자들이 까르르륵 웃을 때면 뒤에 앉아서 '익익익익' 하는 야릇한 소리로 어깨를 흔들며 따라 웃기도 했다.

동계東溪 어디선가 내려 우리는 처녀가 점을 친다는 마을을 찾았다. 바람을 늘 이고 있었던지 점쟁이 집 가는 들길에 쌓인 눈은 녹지 않았다. 이미 사람들의 발길을 탄 미끄러운 길 위에서 선배가 한 번 넘어지고 여자 둘이 넘어졌다. 마치 뒷날 엎치락뒤치락, 인생의 애증을 예고라도 하듯.

물어물어 찾아간 처녀점쟁이 집 앞이었다. 사립문 엉성한 집 안에는 사람의 기척 하나 없이 썰렁했다.

"어매? 사람들이 늘 북적댄다더니?"

누군가 내뱉은 말이었다. 그 말에 대답이라도 하듯 이웃집에서 꼬부라진 허리를 한 할머니가 얼굴을 내밀더니 우리의 행색을 알아차렸다.

"그 큰애기 오늘 시집 갔다요."

자기 운명 어련히 점 잘 쳤을까, 좋은 남자 만나 시집 잘 갔으려니 하면서도 우리들의 기고 엎어졌던 발걸음은 허망하기 짝이 없었다. 그러나 돌아오는 길 주막에서 막걸리를 마시면서 그 운명에 대한 기대는 하지 않았다는 듯, 우리는 전혀 딴 사람들이 되어 있었다. 미래를 알고 싶다는 호기심보다 처녀 총각들끼리 시시덕거리는 것이 더 재미있었던 신나는 외출이었을 뿐이었다.

긴 세월 지난 지금 그 사람들의 인생은 제각각의 길을 걸었다. 그때 만약 그 처녀점쟁이가 시집을 가지 않은 날 우리들을 맞아 운명을 점쳐 주었다면 어떻게 되었을까. 잔뜩 심각했던 선배에게 당신이 지금 좋아하는 여자와 결혼을 한다면 뒷날 불행할 것이라는 예고를 해 주었을까. 더구나 그 여자가 이 일행 중에 있음을, 그것도 짝사랑이라는 것을 들킬 수 있었을까. 일행 중에 있었던 그녀 또한 뒷날의 고통을 미리 알 수 있었다면 그 운명의 그늘을 비껴 갈 수 있었을 텐데.

그러나 점쟁이의 영험함이 제아무리 신통했다 하더라도 미래에 대한 예측을 좌표삼아 살아온 사람은 드물다. 좋은 점괘면 그대로 되길 바라고, 궂은 점괘면 행 · 불행의 확신을 유보시키거나 무시해 버린다. 만사가 형통이면 근심 걱정이 틈새 비집고 들어갈 수 없고 현실 또한 의심하지 않을 것이다. 의심쩍지 않는데 누가 굳이 점을 칠 것인가. 그러나 근심 걱정 없다는 사람 이 세상에는 없다. 크고 작은 근심 걱정의 소용돌이를 벗어나기 위해 지푸라기라도 잡고 싶은 사람들의 심리를 누가 탓하랴. 점이라도 쳐서 1회성 위안이라도 해야 하는 것을.

눈발이 폴폴, 대나무 깃대가 흔들리는 것을 바라보니 점치러 갔었던 철없는 시절의 기억이 떠오른다. 생각해보면 좋은 일 궂은일 적지 않게 겪어가며 흘러온 세월인데, 그래도 점 한 번 치지 않고 지금껏 잘 살아온 것 같다.

그러나 앞일에 대하여 어느 누가 관심 없다고 할 수 있겠는가. 솔직히 나는 지금도 가끔 점을 치고 싶을 때가 있다.

아깝다!

혼사를 결정하고 난 뒤 장모님이 될 분으로부터 '우리 딸이 똑똑하여 살림은 잘할 것'이라는 말씀을 처음 들었다. 그에 질세라 큰 형수는 '우리 삼촌의 단단한 주모'를 피력했으니 어른들의 자랑은 일단 무승부로 끝난 셈이었다.

그러나 수치와 계산에 어두운 나로서는 형수의 자랑과는 거리가 멀어서 살림경제를 내가 이끌어 나간다는 것은 엄두도 내지 못하는 일이었다. 아내가 신혼 초, 앞으로의 방향을 조리 있게 상의를 해왔을 때 얼씨구나, 나는 별 이의 없이 월급봉투만 가져다주는 것으로 결정을 하게 되었다.

아닌 게 아니라 내가 아내에게서 놀란 것은 빠른 암산에서부터 시작해서 퍼즐 꿰어 맞추는 것처럼 요모조모 살림을 꾸려나가는 정밀함이었다. 이후 경제주도권을 단단히 움켜쥔 아내와 가끔 말싸움을 할 때 내가 하면 더 잘할 것이라고 큰소리친 적도 있지만 사실은 실

없는 핑계에 지나지 않았다. 내심 아내의 계획이 결코 허황하지 않으며 분수에 맞는 정도라는 것만 만족하고 있었던 것이다. 그것은 뒷날 영락없이 용돈 얻어 쓰는 신세가 된 것을 계산에 넣지 않은 것이었다.

그렇다고 아내가 시시콜콜 나의 씀씀이를 파악한다거나 지출에 대한 간섭은 하지 않는 것이 다행이었다. 오히려 살림은 나 몰라라 하여 아내에게 무거운 짐을 짊어지게 한 사건을 한두 가지 벌인 것이 아니었다. 그에 관한 지난 일이 어쩌다 들추어져 핀잔을 해댈 때면 나는 애써 꿀 먹은 벙어리 흉내를 내는 것이다.

아무튼 일찌감치 이재는 아내의 몫인 것처럼 손 털고 있었던 것이 사실이었다. 콩나물 한 봉지 사는 것조차 제 주머니에서 나가야 하는 동료에게 그 골치 아픈 짓을 무엇 때문에 사서 하느냐는 충고도 마다하지 않았다.

사실 나는 지금도 내가 타고 다니는 자동차의 세금이 얼마인지, 보험료나 휴대전화 요금은 고사하고 월 급여액조차도 모르고 산다. 다만 늦게나마 성립한, 한 달 기준 용돈의 약정액수만 움켜쥐면 그만이다. 그 외에 예상 밖의 지출이 생길 때면 죽는소리라도 해서 더 얻어내려는 나와, 방어하려는 아내와 첨예한 신경전이 벌어진다. 그러나 비장의 카드로 내세운 품위유지 운운의 기세에 눌려 대개는 알고도 져주는 아내다.

그때 신혼 시절, 나는 이웃 시市로 수년간 통근을 했다. 살기 풍족한 시절도 아니었지만 날마다 마시는 것이 술이요, 할인 없이 정해진 것이 교통비였는지라 언제나 주머니가 헐렁했다. 용돈이라기보다는 교통비 명목으로 날마다, 혹은 일주일 간격으로 얻어 쓰는 돈이 전부였으니 꺼내놓고 보아야 동전 몇 개가 고작이었던 시절이었다.

그날 아침 버스를 타야할 시간에 쫓겨 바쁘게 집을 나서는 내게 아내가 한 마디 한 말이 문제였다. 마침 아내는 아침 일찍 마당에 빨래를 널고 있었다.

"아니, 어째 오늘은 돈 달라는 소리를 안 허시네. 돈이 많이 있는 갑소잉."

이를테면 딴 주머니를 차지 않았느냐는 뜻이었다. 장난으로 한 말인 줄 뻔히 알고 있었으면서도 돈이 많지 않느냐는 추측 자체가 당치도 않다는 생각이 들었다. 용돈 시비에 늘 백기를 들 수밖에 없었던 나로서는 그 장난 말도 곱게 들리지 않았던 것이다. 전전긍긍 얻어 쓰는 것도 약 오르는 판에 잔소리 섞어 한두 푼 주는 것은 그렇게 즐거운 일이었던 모양이구나. 그렇게 생각이 들자 출근시간 바쁜 것조차 잊은 채 멈추어 선 것이다.

"꼭 말하는 것 좀 봐! 뭐시 어쩌?"

말과 동시에 작은 의자 위에 올려놓은 빨래그릇을 발로 냅다 찼던 것이다. 플라스틱이었던 그 그릇이 팽그르르 돌아 떨어지면 새로 빤 옷가지가 흩어져 흙이 묻을 것이고 아내는 그 옷들을 주워 다시 흔들어 빨아 널어야하는 수고를 해야 한다. 다분히 오기를 실어 순간적으로 계산한 발길질이었다.

그런데 웬일인가. 빨래를 담은 그릇이 내 생각대로 팽그르르 돌아 떨어진 것도 아니었고, 그렇다고 옷가지가 퉁겨져 흩어진 것도 아니었다. 그릇이 너무 약했거나 내 구두코가 너무 날카로웠거나 아니면 물에 짠 옷가지들이 무거운 탓인지도 몰랐다. 뜻대로 되기는 커녕 퍽 하며 깨지는 소리와 함께 발길질한 내 구둣발이 플라스틱 그릇 한쪽을 관통해버린 것이다. 기가 막힌 것은 빨래그릇에 박힌 구둣발이 그 즉시 빠져나오지 않는 것이었다. 중심을 잃고 잠시 휘청거려 외발 뛰기를 할 수밖에 없었던 어이없는 순간이었다.

무참해라, 겨우 발을 빼낸 나는 딴엔 화난 것처럼 씩씩거리며 집을 나설 수밖에 없었다. 그 황황한 발걸음은 통근버스를 타기 위한 것이 아니라 창피함 때문이었다.

"하이고오-."

그렇게 순식간에 벌어진 일을 어이없어한 아내가 등 뒤에서 한 마디 던지는 말이 더 걸작이었다.

"혼자보기는 참말로 아까."

아까?

아깝다는 말이었다.

귀로

"낮달이 떴네요."

그가 하늘을 올려다보며 중얼거린다. 어둠이 오기도 전에 성급하게 몸을 드러낸 초여드레 상현달, 달빛이 하얗다. 둘이서 말없이 달이 걸린 푸른 하늘을 본다. 상강을 지나 입동을 눈앞에 둔 탓인지 하늘 아래 산자락 빛은 어느새 녹슬기 시작하고 있다.

달을 바라보는 그의 시선에 쓸쓸함이 배어 있다. 굳은 외로움, 거부하기 어려운 운명의 고독 같은 것이다.

어둠이 내린 시간에 그와 헤어진다. 돌아서는 내 뒤에 묵묵히 그가 서 있다. 짧은 만남에 비하여 긴 시선을 두고 그림자처럼 서 있다.

(우리가 왜 슬픈지 알아?)

그의 마음을 읽은 것처럼 혼자 중얼거린다. 그가 내게 외쳐대는 말처럼 들리기도 한다.

아까 본 낮달이 어두운 산마루에 걸려 있다. 하늘 가운데에 있다기 어느 사이 저 자리로 옮겨간 것일까. 희미한 달빛에 드러난 길이 낯설다. 갈 때도 낯설었지만 돌아올 때도 낯선 길. 어차피 낯설었건만 가야할 방향을 거꾸로 걷는 느낌이 든다. 길이 틀렸을까. 어느 길, 어느 갈림길에서 걸음을 혹 잘못 디딘 것은 아닐까.

그 자리에 서서 사방을 휘둘러본다. 멀리 성곽처럼 두른 산 그림자가 무겁다. 산 아래 불빛들이 가물거린다. 그가 서 있던 곳은 저 어디였을 것이다. 그가 서 있음 직한 곳에 시선을 둔다. 불빛도 없는 곳에서 지금도 그는 서 있는지 모른다. 행여 되돌아선 내 발걸음 소리가 들리지 않을까 가만히 귀 기울이며, 아직도 그 자리에 서 있는지 모른다.

그러나 그가 있는 곳으로 되돌아갈 수 없으며 그 길마저 찾을 수 없음을 이내 깨닫는다. 우리는 함께 지닌 외로움 때문에 이렇게 헤어져야한다는 것을 서로 알고 있다. 그래서 굴레일지 모르는 사랑의 무게를 슬퍼하고 있는 것이 분명하다.

드넓은 벌판 한가운데에서 한참을 그렇게 서 있다가 나는 중얼거린다.

(그래. 앞으로 가야 해.)

그대로 걷기 시작한다. 가다 보면 좌표를 읽을 수 있는 길이 나올 것이다. 낯이 익어도 낯이 설어도, 그 길을 밝히는 이정표는 나타날 것이다.

열정熱情은 비장悲壯이다. 그 비장함에 파묻혀 돌아오는 길, 귀로歸路가 슬프다.

해장부터

로버트 메쉬번, 그가 스스로 붙인 동양식 이름이 명유진(明有眞), 대학에서 동양학을 전공했고 홍콩을 거쳐 우리나라에 평화 봉사 단원으로 파견된 미국인이다. 내가 고향 모교에서 강사 노릇을 하던 시절, 그도 학생들에게 원어를 가르치고 있었다.

패티김의 〈내 사랑아〉라는 노래와 〈이별〉이라는 노래를 내게서 배웠다. 굳이 한국어로 가사를 써서 익힌 것이 보기 좋았는데 우리 남도 사투리에도 적지 않은 관심을 가지고 있었다. 이를테면 '눈치 코치도 없다.'는 말이나 '거시기' '뻰지기'라는 말 등을 적절히(?) 즐겨 사용하곤 했다.

어느 날 아침이었다. 매주 어느 요일, 명 선생이 주가 되어 관내 중학교 영어 선생들과 워크숍을 하기로 되어 있었다. 하루는 웬일로 교장선생님이 그 장소 방문을 하셨던 모양이었다. 그날은 아예 워크숍을 하지 않기로 영어 선생들과 밀약을 한 것이 들통난 것이다. 성격이 급하신 교장선생님이 다음날 아침 조회를 마친 뒤 큰소리로 명 선생을 불렀다.

"아, 명 선생! 어제 어디 갔었어?"

"?"

"워크숍한다고 해 놓고 어디로 내뺀 거여?"

빠른 말을 얼른 알아듣지 못한 명 선생이 처음엔 뻥하다가 나중에 사태를 짐작한 모양이었다. 심각한 정도는 아니었지만 교장선생님의 언성에 주변의 모두가 잠시 입을 다물고 있었는데 그 짧은 정적을 깬 것은 명 선생 자신이었다.

"칫!"

혀를 차더니 곧이어 한다는 말이 뜻밖이었던 것이다.

"해짱부터,"

"해짱? 해,해장?"

해장부터란 말은 아침 일찍, 곧 이른 아침부터 기분 나쁘다는 전라도 사투리의 표현이다. 교장선생님이 처음엔 어리둥절하더니 곧 바로 그 말뜻을 알아차리신 모양이었다.

"해장부터? 아니 명 선생! 그 말 누구한테 배웠어?"

그 독특한 분위기를 풍기는 우리말이 외국인의 입에서 나온 것이 어처구니없었던 모양이었다. 저절로 익힐 수 없는, 분명히 누구에겐가 일부러 배워 들은 뉘앙스라는 것을 짐작하신 교장선생님이었다.

"누구한테 배웠어?"

다시 묻는 교장선생님 말씀에 명 선생, 어깨를 으쓱하며 곁에 있는 나를 바라보더니

“썬 썬생님이.”

내가 가르쳐 주었다고 자랑스럽게 말해 버린 것이다.

“아침 일찍 누군가가 듣기 싫은 소리를 하면 우선 쳇! 하고 혀를 차란 말야. 따라서 해봐. 쳇!”

“칫!”

“칫이 아니고 쳇! 쳇!”

혀 차는 소리를 한참 가르친 뒤에

“그리고 나서 ‘해장부터!’ 하고는 부어터진 것처럼 입을 쑥 내밀면 돼. 해 봐. 해장부터!”

“해오짱부터.”

“해오짱이 아니라 해장이라니까. 그리고 터! 소리를 크게 해. 터! 다시 해 봐. 해장부터!”

“해으짱부터!”

여전히 혀 꼬부라진 소리가 났지만 그럭저럭 억양과 그 말을 써먹을 분위기까지 자세히 설명해 준 것이 며칠 전이었다. 하필 그 실습(?)이 교장선생님 앞이라니. 더군다나 가르쳐준 사람이 나라는 말까지 고해 버린 것이다. 교장선생님 어이없는 표정으로 나를 바라보시더니

“선 선생 따라 왓!”

불똥은 내게 튄 것이다. 교장실로 뒤따라간 내게 아까와는 달리

교장선생님의 얼굴에 웃음기가 돌기 시작했다.

"너 또 그런 말 가르칠래, 안 가르칠래?"

교장선생님, 내 중학 1학년 때 담임이셨던 터라 사석에선 아들처럼 대해 주시는 어른이셨다. 가끔 부려대는 내 장난 끼를 알고 계신 터라 아까와는 달리 얼굴빛이 부드러워지신 것이다.

"우리 사투리 좀 배운다고 졸라대서 가르쳐 줬지요."

"졸라대?"

"예."

"졸라대더라도 좋은 우리말을 가르쳐 줘야지, 그런 말을 가르쳐 주면 쓰나."

몇 말씀 얻어 듣고 물러 나온 나를 명 선생이 기다리고 있었다. 곧바로 의자에 앉아 내가 한다는 말이 교장선생님 말씀 그대로의 전언이었다. 손짓 발짓 이해가 쉽도록 해준 말이었다.

"좋은 우리말 가르쳐 드리랍디다. 그래서 내가 또 하나 가르쳐 드리께. 배울 꺼여?"

"무썬(슨) 말?"

"응. 아까 명 선생처럼 눈치코치없는 사람을 뭐라고 부르는지 알아?"

눈치코치없단 말을 알아들은 그가 풋 웃음을 터뜨렸다.

"이 오살 놈아."

"이 오쌀 놈아?"

"그려. 따라서 해 보쇼. 이 오살 놈아."

"이 오쌀 놈아."

또 다른 언어 강좌를 나는 시작하고 있었다.

팔려간 편지

주례를 부탁하던 제자와 저녁 식사 중이었다. 따라준 술잔을 받아 고개를 돌려 한 모금 마시는 제자를 바라보는 내 시선이 은근해진다. 어느새 함께 술 마실 수 있으며 결혼을 앞둔 젊은 청년이 내 앞에 있는 것이다.

마신 술이 서너 잔, 얼굴이 붉어진 제자가 조심스럽게 말을 꺼냈다.

"선생님께 고백할 것이 있습니다."

"고백?"

학창 시절의 이야기인가. 문득 시선을 고쳐 잡고 그를 바라보니 표정이 너무 진지해져 있다.

"선생님께서 언젠가 제게 편지를 부치라 하신 적 있었습니다."

"그래?"

10여 년 전 그 무렵이면 매일 습관처럼 편지를 써오던 터였고, 오후 집으로 돌아가는 학생 아무에게나 그 편지를 주어 우체통에 넣으라고 심부름시키는 것은 흔한 일이었다.

“그 편지를 그만…”

(?)

그날 오후였다. 학교에서 그의 집까지는 제법 먼 거리였다. 남들과 뒤처져 버스를 놓친 그가 혼자서 한가하게 길을 걷고 있을 때였다. 마침 학교 뒤 고개 너머에서 까만 승용차 하나가 내려오더니 그의 곁에 멈추어 섰다.

“학생. 곡성谷城을 가려면 어느 쪽으로 가야하지?”

차창을 내리고 운전자가 물었다. 혼자 타고 있던 나이 사십대쯤 보이는 아저씨의 인상은 좋아 보였다. 손짓으로 길을 가리키는데 운전하는 사람이 그쪽으로 가는 길이면 타라는 말을 했다. 그때만 해도 낯모르는 사람의 차를 절대 타지 말라는 교육이 유난했던 때였다. 사회적으로 납치니 인신매매니 하는 말이 빈번했던 시절이라 안 타겠다는 뜻으로 고개를 젓는데 문득 제자의 손에 든 엽서를 운전자가 보았다는 것이다.

“그 편지 좀 볼 수 없겠니?”

정확한 표준어를 쓰는 것으로 보아 서울 사람이라고 생각했단다. 별 뜻 없이 편지를 보여줬는데 이 편지를 쓴 사람이 누구냐, 이름이 무어냐 시시콜콜 묻더라는 것이다. 제자에게도 한쪽 면이 빨간 엽서에 먹으로 쓴 큰 글씨가 기억에 남아 있다고 했다. 한참 엽서의 앞뒤를 살펴보던 그 사람이 불쑥 돈 만 원을 꺼내 주더라는 것이었다.

"이 편지 내게 팔아라."

얼결에 돈을 받아 든 사이 운전자는 차창을 닫았다. 당시에 돈 만 원은 큰 액수였지만 '안 돼요.' 소리를 지르기도 전에 차는 가버렸단다. 내가 부쳐주마 했던 것도 같은데 도망치듯 만 원을 주고 간 것으로 보아 팔린 편지가 분명했다. 졸지에 당한 일이었다는 것이다.

"그 후로 선생님을 똑바로 뵐 수가 없었습니다."

오래된 일이지만 황당한 일이긴 했다. 편지를 받아야 할 사람은 누구였으며 그 내용은 어떤 것이었는지 알 도리가 없다. 다만 남의 편지를 돈 주고 사는 집착은 이상하다.

당시 누군가에게 편지를 보내놓고, 내 감정이 그대로 전달됐으리라 나는 믿었을 것이다. 받아보는 사람의 마음을 미리 짐작하며 편지를 쓰는 것이야말로 진정한 언어의 교감이다. 그 교감이 전달되지 않았던 편지라면 그때의 믿음치고는 공허하기 짝없는 것이 돼버린 셈이다.

그러나 우리들 알게 모르게 편지 분실 사고는 분명히 있을 터이다. 내 절절했던 언어를 전달받지 못했다고 군에서 휴가 온 후배는 발을 구른 적 있었다. 아파트 반송 편지함에 주인 없이 수북히 쌓이는 편지들 중에서 더러는 되돌아갈 곳이 없는 것들도 많다고 한다. 내가 그동안 써왔던 편지들 가운데 상당수가 제자리를 잃었을지도 모를 일이다.

팔려 갔다는 그 편지가 과연 돈을 주고 사고 싶을 정도의 값을 지녔을까. 대문호의 편지라거나 유명한 사람이 쓴 편지라면 그럴 값이 있었겠지만 겨우 푸념으로 주절거리는 글 몇 줄이 분명했을 터이다.

그러나 서식이야 어떻든 제삼자가 보기에 욕심나는 편지였다는 것이 솔직히 기분 나쁘지는 않다. 굳이 단돈 만 원으로 그 편지의 값을 폄하시키고 싶지 않은 것은 관제 규격을 벗어난, 내 손으로 만든 사제엽서가 그 사람의 수집벽을 자극했는지도 모른다고 믿고 싶을 뿐이다.

그러나 본인에게 전해지지 않고 엉뚱하게 흘러간 언어의 값은 어느 정도일까. 그가 나중에라도 편지를 우체통에 넣었더라면 다행이었겠지만 지금도 그 편지를 수중에 지니고 있다면 진정 수신자에게 빚진 감정의 값도 있어야 하지 않겠는가.

"죄송해요. 선생님."

제자가 머리를 긁적거렸다.

"그랬구나. 하지만 그 사람은 얼마 후 그 편지를 지니고 있어야 할 가치를 못 느꼈을 것이다. 잠깐 욕심이 났는지 모르겠지만 얼마 후 우체통에 넣었을 거다."

그렇게 믿고 싶은 마음으로 말을 맺었다. 편지를 쓸 때처럼 부치는 자세도 경건함이 있어야 한다는 것을 생각하게 해주는 사건이었다. 제대로 전달되기를 비는 짧은 기원을 담아 앞으로 편지는 손수 부쳐야겠다는 생각도 굳혀본다.

"그 팔아먹은 편지 만 원의 빚, 오늘 갚아라."

내 농담에 제자가 환히 웃었다.

안일함의 두려움

그녀에게 들은 이야기다.

그녀가 대학생 때 어머니에게 갑자기 유방암 선고가 내려졌다. 매주 한 차례 방사선치료와 함께 복용한 약물 때문에 어머니는 날마다 구토와 통증에 시달리셨다. 그런 어머니를 곁에서 지켜볼 수밖에 없었던 무력감이 그녀에게는 더 힘든 일이었다.

설상가상으로 할아버지가 쓰러지셨다. 걷다 넘어지신 할아버지는 아무런 통증도 호소하지 않으셨다. 단지 걸음을 걷지 못하신 불편함으로 방에 누워 계시다가 시름시름 생명의 불을 놓으셨다. 허망하기 그지없는 죽음을 그녀는 그때 보았다고 한다.

일찍 직장을 그만두신 아버지에게 기대할 수 있는 것은 아무것도 없었다. 한꺼번에 몰아닥친 불행의 장막을 조금이나마 걷어내야 하는 의무는 그녀의 몫이었다. 맏딸의 책무에서 집안의 가장 역할까지 그녀가 도맡을 수밖에 없게 된 것이다. 동생들의 학교 뒷바라지는 물론 자신의 학업까지도 소홀히 할 수 없었던 그녀에게 그때의 현실은 너무 벅찬 일들이었다.

그해 밭에 심어 놓은 양배추를 거두어야 했던 일도 그녀가 맡아 처리할 수밖에 없었다. 어렵게 동네 사람들과 양배추 수확에 나섰던 날 하필 비가 내렸다. 바닥으로 떨어진 채소 값은 그만두고라도 비조차 내려주는 하늘이 야속하기만 했다. 그 무렵 사랑의 열병까지 앓고 있었던 그녀에게 집안의 우환까지 겹쳐진 것은 정말 감당하기 힘든 청춘의 무게였다. 이게 뭔가. 이렇게 한꺼번에 몰아닥친 시련의 끝은 어디까지인가. 양배추를 나르면서 그녀의 가슴이 복받쳐오기 시작했다.

뜨거운 눈물이 흐르기 시작했다. 정말 가슴에서 복받치는 눈물이었다. 눈물은 볼을 타고 흘러내렸지만 아무도 그것을 눈치채지 못했다. 눈물 범벅이 된 얼굴을 빗물이 함께 흘러 감추어주었기 때문이었다. 정말 마음놓고 울어볼 수 있는 시간이었다. 소리내어 울 수는 없었지만 작게나마 새어나온 울음소리도 빗소리가 감추어 주고 있었다. 울면서, 양배추를 나르면서 그녀는 이를 악물었다. 이겨낼 수 있어. 이겨낼 수 있어……. 참으로 오랜만에 눈물 뒤에 오는 삶의 투지와 마음의 정화를 그녀는 그때 느낄 수 있었다고 한다.

자기 시대에 철저하게 자립한 사람은 모든 것에 도전적이라고 한다. 물려받은 안일함에 물든 사람은 매사에 쉽게 싫증을 내고 포기도 잘한다. 어려운 역경을 이겨낸 사람만이 역경을 맞을 준비를 할 수 있다. 닥치는 역경을 두려워하지 않고 오히려 맞불 놓듯 각오를 새롭게 한다는 것이다.

매사에 도전적인 호랑이는 잠을 잘 때와 배가 고플 때 차이가 난다고 한다. 배가 부른 호랑이는 잠을 잔다. 잠을 자는 호랑이에게 도전이란 있을 수 없다. 잠자는 호랑이는 곧 돼지가 잠자는 것과 다를 바 없다. 그러나 배가 고픈 호랑이는 먹을 것을 얻기 위해 잠자지 않는다. 일의 능률은 투쟁의 의지에 따라 그렇게 달라진다. 어느 교육자가 쓴 글에서 본 내용이었다.

고통을 즐기는 자는 없다. 그러나 고통을 이겨냄으로써 도전하고자 하는 투지가 생길 때 삶의 가치는 있다. 고통 없이 살아가는 것을 다행으로 생각하기 이전에, 역경을 이겨내는 투지가 부족함을 부끄러워해야 한다.

"어떠한 일이 닥쳐도 헤쳐 나갈 수 있다는 의지를 교훈처럼 얻은 셈이었지요. 때로는 지금처럼 편안하고 안일한 것에서 저는 두려움을 느껴요. 이게 아닌데 하는……. 차라리 고난을 맞음으로써 삶의 용기를 축적시킬 수 있는 기분이 든다면 믿지 않으시겠지요?"

그녀가 한 말이었다.

액땜

욕실에서 쓰러졌다. 정확히 표현하자면 미끄러진 순간 손 디딜 틈 없이 그대로 한일자로 누워버린 것이다. 그 충격이 이만저만 아니었다. 쓰러지는 순간 욕조나 욕실 문턱에 머리라도 부딪쳤다면 어떻게 됐을까. 결과는 다행이었지만 만약을 가정한 순간적인 상상이 너무 끔찍하다. 손목이라도 부러졌다면 어쩌나 싶어 확인해보고 싶지 않은 완충의 시간까지 그 자리에 한참을 나는 누워 있었다.

'아이고, 아이고.' 소리 몇 번 한 뒤 몸을 일으켰다. 주먹을 쥐었다 폈다 여러 동작을 해보니 무감각이거나 큰 고통은 없었다. 다행히 삐거나 부러지지는 않은 모양이었다.

그림 한 장 그리기 위해 물 받으러 욕실에 들어갔다가 당한 일이었다. 조금 전 누군가 샤워를 했던 직후라 욕실 바닥에 물이 흥건했고 욕실화는 물기 있는 타일 바닥 위에서 흡착력이 없었으니 무심코 내디딘 내 몸무게를 이기지 못해 그대로 밀린 것이다.

물리적 충격에 정신적인 충격까지 겹쳐 한동안 얼이 빠져 있는 동안 운명 철학을 한다는 후배의 말이 생각났다. 새 아파트로 이사한지 얼마 안 되었을 때였다.

"형수님이 목욕탕에서 한 번 넘어져부러야 좋겄소."

믿을 이야기야 못 되지만 액땜삼아 넘어져야 좋다니 이를 어떡하나. 액땜으로 액운을 피해 가기를 원하는 마음이 어느 누군들 없을까. 그런데 하필이면 아내가 넘어져야 하는 액땜이란다. 액땜으로 넘어진 것이 상상하기도 싫은 액운으로까지 번질 수 있는데, 그렇다고 일부러 한 번 넘어지기를 빌 수도 없는 일이다. 안 들으니만 못한 이야기에 한동안 찜찜했지만 그것도 잠시 잊고 있었다.

어느 날 일요일 욕실에서 '퍽' 하는 소리가 들렸다. 아내가 욕실 청소를 해야겠다고 들어간 즉시였다. 들려온 소리가 심상치 않아 고개를 돌려 보니 아내는 등을 돌린 채로 욕실 바닥에 주저앉아 있었다.

"왜 그래?"

"아야, 아야."

추측하자니 욕실 바닥에 미끄러져 주저앉은 것이다. 곧추서지 못한 돌발 사태를 흔히 넘어졌다고 표현해 왔으니 아내는 주저앉았지만 넘어진 게 분명하다. 운명철학도사 말대로 액땜을 한 것이다. 나는 그 액땜이 하도 반가워 그만 박수를 치고 말았다.

"아이고, 거 잘했네."

미끄러져 엉덩방아를 찐 아내의 모습을 본 순간 일단 큰 사고는 아닌 것 같아 엉겁결에 나온 소리가 그만 잘했다고 해 버린 것이다. 장난처럼 들리기도 했겠지만 아픔이 제법 컸던지 아내의 눈빛이 날카로워졌다. 그러나 내 액땜 이야기를 들은 아내는 그 정도 넘어진 것으로 커다란 액을 떼어낼 수 있다면 굳이 미신이라며 부정하고 싶지 않은 모양이었다. 잊고 있었지만 그런 일이 있었던 몇 년 뒤, 이번에는 내가 넘어진 일을 당한 것이다.

운명의 변화는 순간적이다. 잠잠했던 평화가 한순간 깨져버릴 수 있는 냉혹함이 항상 존재한다. 돌연히 일어나는 불행한 사고들은 고요한 평화를 한순간에 바꾸어 버린다. 만약 내가 머리를 다쳐 의식을 잃었는데 집 안에 아무도 없었다고 하자. 운명이 부린 심술을 피할 수 없다면, 그것으로 나는 끝이 아닌가.

(운명?)

'다 같이 행복한 운명은 없다.' 고 했다. 나의 불행은 곧 내 가정의 불행이지만 나아가 사회의 파장으로 얼마든지 이어질 수도 있다. 예언이나 부적 따위를 믿을 바는 못 된다. 그러나 사람이 편안할 때 경계하고 어려울 때 진지해야 한다. 경망과 해이에 빠지게 하는 함정이 주변 곳곳에 있다는 것을 깨달아야 한다.

이래저래 큰 액이여, 행여 근처에도 오지 말라는 심사로 손목을 좌우로 흔들고 고개를 뱅뱅 돌리며 놀란 가슴을 오래오래 쓸고 있었다.

고통의 밭에 서서

내 문학의 첫걸음은 시 낭송이었다. 최초로 외운 시가 김소월의 〈풀 따기〉였다.

> 우리 집 뒷산에는 풀이 푸르고
> 숲 사이의 시냇물 모랫바닥은
> 파아란 풀 그림자 떠서 흘러요

표지가 노란 시집이었다. 그 시집의 시들을 날마다 소리내어 읽어가며 운율을 익혔던 시절이 초등학교 3학년쯤이었다. 문장의 미학은 운율에 있다고 나름대로 뜻을 굳혀온 것은 그 7 · 5조의 〈풀 따기〉에서 비롯되었는지도 모른다. 그 무렵 썼던 일기 구절을 큰 누님이 크게 칭찬해준 일이 문학의 길을 동경했음 직한 가장 최초의 기억일 수도 있다.

아버지의 끊임없는 집필 자세는 언제나 경건했다. 삼국지는 물론 조선왕조 이야기를 줄줄 외우셨던 어머니, 밤을 새워 책을 읽었던 형들과 누님, 간혹 누님이 책 때문에 흘린 감동의 눈물을 본 것이 서정을 배우게 된 밑거름이었는지도 모른다.

웬만한 책들은 가족들이 윤독을 했다. 7남매 중 막내인 나로서는 워낙 나이 차가 커 그 독서의 대열에는 자연히 늦게 낄 수밖에 없었다. 그러기까지 형님의 습작 원고를 흉내내어 소설을 써 보기도 했고, 학교 백일장 대회에서 크고 작은 상도 받았다. 그러나 문학에 대한 의식은 그렇게 절실하지는 않았다. 그저 담담히, 굳이 예술이라 이름할 수 없었어도 어느 한쪽 분야에 편식하지 않았던 집안 분위기 때문이었다.

그러나 고등학교 2학년 때 '가로등'이란 동인지를 만들면서 문학에 대한 꿈이 자리잡기 시작했다. 같은 반 친구들과 어울려 작품을 수집하고 내 손으로 직접 원지를 긁고 등사도 했다. 표지는 판화를 찍어 만들고, 본문의 삽화 또한 내가 직접 그렸다. 지금 생각하면 졸렬한 작품들이었지만 어느 누구의 권유나 지도 없이 만들어낸 동인지였다. 한 권을 슬그머니 학교 도서실에 걸어 두었는데 나중에 학교교지에 그 동인지의 작품들이 대부분 실려 있었다. 국어 선생님께서 한 번쯤 불러 격려라도 해주셨으면 좋았을 텐데, 우리들 문학의 갈증을 애써 외면하신 듯하여 섭섭했던 마음이 지금도 가시지 않는다.

2호부터는 제호를 '석록石綠'으로 바꾸어 꾸며 보았지만 문학을 동경한 문우 층이 얇아 한계에 부딪혀 있었다. 학교를 졸업한 뒤 크고 작은 일들로 우정의 갈등까지 겪은 우리들의 모임이 파한 것이 계기가 되어 겨우 3호에 〈석록〉도 끝이 나고 말았다. 그러나 어설픈 우리들의 모임에도 자극을 받았는지 2년 선배들을 주축으로 한 문학 동인회가 창립되고 동인지 〈덩굴〉이 선을 보이기도 했다. 그 때의 왕성한 활동을 보인 선배들이 모두 다 초야에 묻혀버렸음은 지금 생각해도 애석한 일이다.

순창의 공공회관을 빌려 처음으로 석록회 시화전을 열었을 때 여고생들이 단체관람을 오기도 했다. 등사본으로 만든 전시 작품집이 금방 동이 나 아쉬운 눈물을 흘리던 학생도 있었다.

읍내에 있는 학교에 일일이 찾아가 중고생 문학 동인회 '물레방아 글모임'을 결성하여 시인이셨던 김웅, 권진희 선생님을 고문으로 모시고 창립기념시화전도 열었다. 무슨 작용이었는지 전시가 끝나갈 무렵에 여기저기서 연장 전시를 해달라는 요청이 있었다. 그 요청이 반가워 야외전시로 이어나가기로 한 뒤 순창 2교 백합사진관 근처의 느티나무, 팽나무, 탱자나무 가지에 액자를 걸었다. 오전에 내다 걸었다가 저물녘엔 걷어 인근에 있는 친구의 하숙집에 맡겨 놓기를 1주일간 반복했지만 조금도 힘겨워하지 않았다.

무언가 할 수 있다는 끊임없는 시도는 이어졌지만 해를 두고 활동했던 문학모임은 번번이 시행착오를 겪고 흩어지기 시작했다. 선후배들이 함께 모인 사회청년단체 활동에서 기대했던 문학 활동도 간단하게 끝나고 말았다. 겨우 《창窓》이란 동인지 한 권으로 만족하고 그 의미를 접었다. 문학에 취미를 가진 일반사회인들과 어렵사리 결성했던 독서회조차 뜻을 펴지 못한 채 끝을 내기도 했다.

이끌어줄 지도자는 고사하고 선배 하나 없는 혼자만의 외로운 싸움이었다. 혼자서 터득할 수 없는 문학의 한계가 있는 것이고, 이를 극복하기 위해서는 문우를 결성하여 함께 노력해야 한다는 목적이 늘 그렇게 부질없는 것이 되고 말았다.

그 고통의 밭 갈기에 지쳐 모든 열망을 군 입대를 기점으로 지워버리기로 결심을 했다. 기회는 누군가 가져다주는 것이 아니라는 자각이 오히려 마음을 편하게 해주었다.

그 한편으로 문학적 갈증에도 어느 누구 하나 따뜻한 손길을 보내주지 않았다는 원망도 쌓아두고 있었다. 척박한 환경 속에서 문학을 한답시고 발버둥치는 모습이 가소로웠을 시류였다. 문학이란 책이나 신문지를 말아 쥐고 혼자서 들판을 배회하는, 한가한 사람들이나 하는 사치스런 행위로 보는 것만 같았던 소읍의 단면이었다.

내겐 빨치산 시인으로 불행한 삶을 살다 간 김웅金雄선생과의 만남이 문학의 유일한 대화 창구였다. 오랜 수형 생활을 끝낸 뒤 이념과 사상을 떠나, 한 인간으로서 살아가는 시인의 우주관을 겨우 엿보는 정도였을 것이다. 어두움 속에서 한 줄기 빛을 보듯 시를 쓰는 시인의 모습이 가슴 아팠고, 한때 문학의 꿈을 지니고 있었던 둘째형의 좌절을 보는 것조차 한 몫 하여 이미 나는 깊은 절망에 빠져 있었다. 인생도 운명도 모르면서 내가 맞아들인 삶의 대응은 자포자기였다.

그렇게 문학의 꿈을 나는 접었다. 열망을 놓아버린 평안이 있었다. 이후로 단 한 줄의 문장을 이어가는 것도 노래 흥얼거리듯 가벼운 삶의 한 부분으로만 생각했다. 시인을 부러워하지도 않았고, 작가를 동경하지도 않았다. 한때 지녔던 문학의 정열과 회의도 드러내지 않았다. 다만 삶의 희비를 감추지 않고 편지를 썼고, 일기를 썼다. 간혹 격에 없는 짧은 글을 써 이웃에 보내는 것이 고작이었다.

그렇게 세월이 흘렀다. 그러나 지금 생각해보면 문학이라 굳이 이름 할 수 없는, 끊임없이 이웃과 대화하는 그 삶의 행위가 자연스럽게 습작의 길로 이어갔는지도 모른다는 생각을 해본다. 내가 이웃에게 쓴 수천 통의 편지와 잡문 속에서 문학성을 찾을 수 있을까. 그 문학의 틀조차 훼손했으면서 홀로 서기 했다고 자부할 수 있을까. 그러나 아직도 내가 풀어내는 언어의 자양분이 그때의 열망과 좌절을, 고통과 희열을 분석한 결정이었음을 굳이 부인하고 싶지 않다.

어느 날 활자화된 작품으로 시작하여 걷게 된 이 길이 아직도 나는 부끄럽다. 정제된 언어를 구사하는 시인들, 유장한 문장의 강을 흐르게 하는 현학의 문사들 틈에 감히 고개조차 들 수 없는 스스로임을 안다. 나 자신을 안다는 것은 현자가 지닌 언어만은 아니다. 고통을 안고 살아야 한다는 깨달음도 우둔한 자가 지닐 수 있는 언어다. 우둔한 자가 문학을 통한 고통에 천착한다면 그나마 행복한 탄식을 할 수 있다.

돌이켜보면 문학과는 거리가 있는 엉뚱한 길을 걸어왔으면서 새삼스럽게 그 길 가장자리에 서 있는 내 모습을 발견한다. 그 의식의 이율배반은 언제 끝날 것인가. 나는 지금도 그 고통의 밭가에 서성거리고 있을 뿐인데.

흥 타령

간장에 붙는 불은 어느 누구랴 꺼 줄거나
편작扁鵲이를 꿈에 만나 불 끌 약을 물었더니
임으로 난 병이라 임 아니면 못 끈다니
어느 임이랴 이 불을 꺼주리

남도 흥 타령이다. 세상사 같잖다 푸념하면서 흥얼댈 수 있는 민요지만 술 아니면 감당키나 하겠는가. 한 잔 술에 어울려 돌림노래로 흥 타령을 부를 기회가 있을 때면 제일 좋아하여 먼저 부르는 사설이다.

흥 타령 사설을 가락 섞어 부르기엔 새파란 청춘의 꿈은 어울리지 않는다. 그렇다고 절망의 넋두리라면 천박하다. 인생의 소용돌이를 다 겪은 고통에서 걸러진 한으로 흥얼대야 한다. 그러나 인생을 달관한 듯 툭툭 털어 버리기에 사랑이란 나이 들어도 아쉬운 법이다. 그리하여 사랑 때문에 빚어진 이별의 아픔은 오히려 투명해지는지도 모른다. 흥 타령은 그런 투명한 아픔을 지닌 사람들이 즐겨 하는 가락이다. 다만 그 아픔을 삭이는 가락이니 결코 흥이 나서 흥얼대서도 안 되며 느린 중모리 박으로 까라지게 불러야 제 맛이다. 그래서 흥 타령의 흥을 흥겨움으로 정의해서는 안 된다. 가슴에 얽힌 한을 실타래 풀 듯, 한숨을 놓듯 푸는 흥. 바로 그것이 경기민요인 천안 삼거리의 흥 타령과 비교되는 남도 흥 타령의 참 멋이다.

옥성玉城 누님 집 술청의 문틀 도리에 걸린 작은 스피커에서는 언제나 흥 타령이 흘렀다. 술상 위에서 젓가락 장단에 맞춰 부른 소리꾼들의 소리를 누군가 직접 녹음한 것이었지만 한 잔 술 마시는 술청의 분위기에는 더 없이 어울리는 가락이었다. 간혹 젊은 친구들이 눈살을 찌푸리기도 했지만 찾아오는 손님들 대부분이 옥성 누님의 지우였던 만큼 오히려 '흥 타령 울려라!' 소리치는 사람도 있었다. 차에서 떼어낸 작고 낡은 스피커에 잭을 만들어 녹음기에 꽂은 것이어서 거기서 나오는 소리는 언제나 쌕쌕거리는 음색이었다. 옥성 누님의 큰 아들이 효도하느라 설치해 준 조립품이어서 그 독선적 음악 감상을 방해할 사람은 사실 아무도 없었다. 간혹 '좋코오 –' 하거나 '얼씨구!' 하는 추임새를 넣는 어른들이 있었고 우리들은 한쪽에 앉아 술을 들면서 탁자를 치기도 했다. 작지만 깨끗한 술청에서 깨끗한 안주에 깨끗한 사발로 술 마실 수 있는 그 옥성 누님의 '대전집'을 우리는 사랑했다.

직장 때문에 토요일에 한 번 집에 갈 수 있었던 나는 그때마다 어김

없이 그 집에 들르는 게 상례였다. 나를 만나고자 하는 사람은 아예 그 집에서 기다리거나 찾아오거나 하면 틀림없었던 사랑방이기도 했다.

"어이, 산곡, 우리 흥 타령이나 부르세."

반가워서 한 잔, 즐거워서 한 잔, 몇 잔 술에 젖으면 옥성 누님과 나는 으레 흥 타령을 불렀다. 원래 흥 타령은 '아이고 데고 허허– 성화가 났네.' 하는 후렴을 사이에 넣고 사설을 주고받아야 한다. 사설은 가슴속 서러움을 즉흥적으로 쏟아낼 수 있어야 그 흥에 어울리는 것이다. 흥이란 즐거워서도 흥이지만 서러워서도 흥이라는 것을 나는 그때 옥성 누님에게서 배웠다.

옥성 누님의 흥 타령 솜씨도 상당한 수준이었다. 무엇보다도 그가 살아온 삶에 대한 애환이 녹아나는 목소리가 일품이었다. 함께 술자리에 있던 사람들은 선배건 후배건 옥성 누님과 나의 흥 타령 가락에 거부감을 갖지 않았다. 그것은 옥성 누님에 대한 예우이기도 했지만 대개 자기 자신에 대한 인생의 의미를 되씹는 표정들이었다. 그런 옥성 누님이 세상을 뜬 지도 어느덧 칠팔 년의 세월이 흘렀다.

"저 놈 잡놈인갑소."

어머니들 앞에서 흥 타령을 부른 날이었다. 청년 모임에서 벌인, 어버이날 야유회를 따라온 둘째형이 때죽나무 그늘에 앉아 쉬며 옆에 계신 어머니께 던진 말이었다. 그런 형도 먼저 갔고 그 참척을 보신 어머니도 세상을 뜨신 지 벌써 여러 해가 흘렀다.

"사안곡이성. 편작이를 만났더니, 그거 한 번 해 주시오."

유별나게 내 이름을 사안곡이라 길게 발음했던 영곤이가 술자리에서 만날 때마다 했던 말이었다. 그것은 지난날에 대한 추억 때문이기도 했지만 제 나름대로 지닌 삶의 미련 때문이었음을 나는 알고 있었다. 그 영곤이도 지난가을 뜬금없이 세상을 버렸다.

오랜만에 흥 타령을 불렀다. 판소리동편제 동호인 모임이 있던, 비바람이 거센 날이었다. 섬진강 강가의 솔잎들이 바람에 떨어져 따갑게 날아오기도 했다. 남녘에서부터 태풍이 불어온다는 날, 그 흥 타령 한 가락에 어머니도 생각났고 형님도 생각이 났다. '천지도 속이고 내 사랑도 속이는구나.' 던 옥성 누님도 생각났고 영곤이 생각도 났다. 젊은 날 뜻도 모르게 흥얼거렸을 때야 무슨 만단정회 있었을까만, 이 가슴엔 사랑도 이별의 아픔도 어찌 없을 것인가. 이 가슴엔 어찌 한조차 없을 것인가……. 불어오는 거센 바람이 오히려 시원하기만 했다.

이상의 《봉별기》 마지막 장면에 은수저로 상을 치며 금홍이가 불렀다는 구슬픈 창가는 흥 타령이 틀림없다. 금홍이의 영이별 넋두리를 이상은 한 번도 들은 적 없는 창가라고 했다.

그럴 밖에. 금홍이는 흥얼거리듯, 이별의 설움을 풀어지는 흥으로 쏟아냈던 것이 분명하다. 원래 흥 타령의 곡조는 틀에 없는 너울이요, 사설이 곧 흥이기 때문이다.

속아도 꿈결, 속여도 꿈결
굽이굽이 뜨내기 세상
그늘진 심정에 불 질러 버려라

선산곡 제3수필집

속아도 꿈 속여도 꿈

1판 1쇄 인쇄 2010년 11월 25일
1판 1쇄 발행 2010년 11월 30일

글쓴이 _ 선산곡
발행인 _ 서정환
발행처 _ 신아출판사
출판등록 _ 1984. 8. 17 제28호

주소 _ 전북 전주시 완산구 태평동 251-30
전화 _ (063) 275-4000, 252-5633
팩스 _ (063) 274-3131
E-mail _ shina321@chol.com

값 10,000원

ISBN 978-89-5925-784-3 03810

* 이 책은 전라북도 문예진흥기금 일부를 지원받아 발간하였습니다.